災禍に向きあう教育

悲しみのなかで人は成熟する

佐藤広美

新日本出版社

まえがき

二〇一一年三月一一日の東日本大震災以降、私は、災禍に向きあう教育ということを考え続けてきました。大津波の被災地域、東日本の沿岸部に何度か立ち寄りました。また、福島の原発災害地にも、機会をつくってできるだけ多く訪れるようにしました。

これまでに私たちが経験したことがないような、そのような過酷な状況になんとか立ちあわねばならないと感じたからでした。けっしてそこから逃げ出さないで、考え続けることだけはしよう、と言い聞かせていたように思います。

私は、また、特に、福島の原発事故問題を考えるために、水俣にも行かなければならないと思い立ちました。水俣病の患者さんの語りを聞くことは大切な何かを教えてくれるに違いない、と思ったのです。

復興の教育はどうあるべきなのか、現状はどう評価すべきなのだろうか。答えを出すことが難しい問題がなお山積されているのだと感じます。そうしたなかで、私は何が言えるのでしょうか。

私は、被災地のみなさんの話をうかがい、教師や子どもたちの声を聞き、いろいろ思い悩み考えてきましたが、いま、ここで言いたいことは、そんなに複雑なことではなく、じつに単純なことなのだと思うにいたりました。それは、震災の体験をじっくり語るということなのです。子どもも、若者も、教師も、そして大人も老人も、ということです。災禍に向きあってきた自分の経験をゆっくりと聞きとってもらえる、そのような場をつくりだすということなのです。

二〇一四年の秋の福島、避難指示が解除された地域の学校を訪れた時に聞いた話です。元の校舎での学校再開でした。地域の人びとは再開をなにより喜びました。郷土料理で歓迎し、惜しみない協力をしてくれたそうです。でも、子どもたちの半数はまだ自宅に戻れず、避難先の仮設住宅からスクールバスで通っているのが現状でした。

そこにある学校は、「人の心の痛みをわかる人間を育む」を学級経営の目標にしていました。子どもたちは、おとなと同じように、震災に真っ正面から向き合ってきたと思うのです。癒《い》やせぬ痛みや傷を抱えて戻ってきたのではないでしょうか。子どもたちの震災体験を、しっかり聴いて受けとめてあげること。私は、そんな教育の必要を切々と感じたのでした。物語れば堪《こら》えられるし、前を向けるはずです。

二〇一六年の早春の頃、宮城県沿岸部の学校を訪れた際、「あのとき以来はじめて、教室で被災のことを話した」という中学校の総合学習における生徒の声を知りました。悲しみの経験を教室で共有する温かみがそこに存在しているように感じられました。復興の教育実践はこうしてはじまっていくのかもしれない、と思うのでした。その中学生たちは地域に出かけていって、住民の暮らしの困難と希望の話を聞き出していったそうです。

二〇一五年の時点、福島在住の詩人で高校教師の和合亮一さんは、同じく詩人の若松英輔さんに語ります。


「今、相双《そうそう》（相馬と双葉）の海辺に立ったとしても、海水浴をしている人の姿を見かけることはまずありません。福島に住む私たちは、海に対して大きな喪失感を抱えています。」

「波打ち際で夏を感じること、浜辺でスイカやとうもろこしを食べること、麦わら帽子を被って海で遊ぶこと、その人々を見つめること、堤防で一日魚を釣ること……。自然を生きる（権利）が奪われています。」

（若松英輔・和合亮一『往復書簡　悲しみが言葉をつむぐとき』岩波書店、二〇一五年）


福島原発事故は、子どもたちから何を奪っていったのかを、端的に示しているのだと思います。二人の詩人は、書簡を交わしながら、自分の悲しみの中に佇《たたず》み、深みから響いてくる声にならない声に心を傾けることで、人はかえって他者と結びつくことを知ることができるということを了解していきます。

悲しみはやがて、その人の心を別のあり方で豊かにさせることがある。私は、被災地で、悲しみが人間の成熟に転化する、そのような人間形成の事実に触れることができたように思うのでした。

水俣病の患者さんたちは、生活の破壊と身体の痛みとのたたかいを語ります。有機水銀をたれ流した私企業チッソとそれを許した県と国家行政への怒りを述べます。まわりの人々からうけた差別による悲しみを告白します。私は、直《じか》にその声を聞き、残された記録で何度も何度もそれを確認しました。一人ひとりの患者さんの語りを聞くことは辛《つら》いのですが、それ以上に、わたしの心に残ってしまったものは「水俣病患者の語りはなぜあんなに深いモラルを湛《たた》えているのでしょうか」という問いでした。悪を告発するのはたやすいのかもしれません。しかし、大切なことは、告発とともに、災禍に向きあってそれを超えて語る、患者さんの人間的真実への理解に向かうモラルだったのではないでしょうか。

何度か聞き取りでお邪魔した緒方正実さん（建具職人）には、次のような詩があります。緒方さんは三八歳で水俣病申請を行いましたが、行政はそれを認可せず、その後一〇年、緒方さんは行政不服審査請求をたたかい続け、やっと認定を勝ちとり、二二六六番目の患者認定を受けた方でした。

苦しいでき事や悲しいでき事の中には
幸せにつながっているでき事がたくさん含まれている。
このことに気づくか気づかないかで、その人生は大きく変っていく。
気づくにはひとつだけ条件がある。

それはでき事と正面から向かい合うことである。

（緒方正美『水俣・女島の海に生きる』世織書房、二〇一六年）

人は悲しみのなかで成熟していくことができるのでしょう。緒方さんは、行政不服審査請求の場で自分を語ることを通して、行政側に水俣病に対する人間的理解を認めさせたのです。

災禍に向きあった人間の悲しみをゆっくりと語りあってみること。本書は、私のこうした考えをあれこれ述べたものです。ここには今後の教育学が追究すべき大切な本質が隠されていると思うのです。

一九三七年、日中戦争が勃発した時、「君たちはどう生きるか」を問いかけた書物は次のようなメッセージを子どもたちに残していました。

僕たちは人間として生きてゆく途中で、子供は子供なりに、また大人は大人なりに、いろいろ悲しいことや、つらいことや、苦しいことに出会う。もちろん、それは誰にとっても、決して望ましいことではない。しかし、こうして悲しいことや、つらいことや、苦しいことに出会うおかげで、僕たちは、本来人間がどういうものであるか、ということを知るんだ。

（吉野源三郎『君たちはどう生きるか』一九三七年）

目次

挿絵　阿部後樹

第Ｉ部　悲しみの中で人が成熟するということ

第1章　復興の教育思想を考える――沿岸被災地と福島原発事故より

福島伊達市の宍戸仙助《ししどせんすけ》・富野小学校校長は言います。東日本大震災の津波と福島原発事故は、これまでの通常の学校生活では感じ、考えることのできなかった、「学校とは何か」「教育に大切なものは何か」という教育の本質を問い、考え、実践する機会になった、と（宍戸仙助「子どもを被曝《ひばく》から守ること、そして移動教室の意義」『教育』二〇一三年三月）。震災と原発事故は、私たちの生活の何を砕き、何を奪ってしまったのか、そして、その苦痛や悲しみや怒りを介して、教育の本質とは本来どのようなものでなければならないのか、を気づかせてくれたものでした。私は、それを今後の教育改革をすすめる復興の教育思想と考えたいと思います。

しかし、いま、復興と再生の進まぬ現実を目の前にして、被災地の人々は、忘却と諦観がますます広がる不安を隠せないでいるのではないでしょうか。

私たちは誰もが、はじめ、震災はこれまでの支配的な価値観を転換させずにはおかない、と思ったのではなかったでしょうか。「あの時に感じたことが本物である」（池澤夏樹『春を恨んだりはしない』中央公論社、二〇一一年）。そうであれば、被災地で経験された復興の教育思想を、一つひとつていねいに拾いだして、検討を加えてみる努力がやはり必要なのだと思うのです。

第一節　惨事便乗型改革でない教育復興の課題――岩手沿岸被災地より

私は、釜石や宮古など岩手の沿岸被災地を最初に訪れています。特に、宮古市田老《たろう》地区や野田地区の先生方との交流は心に深い印象を刻みました。田老は、海面からの高さ一〇・六五メートル、総延長二・四キロに及ぶ全国一の規模を誇る防潮堤（通称「万里の長城」）で有名でした。二〇一一年の巨大津波はこの「万里の長城」を乗り越えて町を破壊し、人口約四〇〇〇人のうち、二〇〇人近い犠牲者を出しました。嶋崎幸子さんは、この地、田老第一中学校の教師でした。帰る家をなくした生徒は全校生徒の六割、肉親を亡くした生徒も含まれます。嶋崎さんの話を聞きました。

地域の底力を子どもたちに伝える

嶋崎さんは、津波が襲ってきたときの危機一髪の避難状況から話し始めました。学校に犠牲者は出ませんでした。避難所生活では、ほぼ一カ月間、中学生が生き生きと献身的に働き、食事の世話や瓦礫《がれき》の撤去などの仕事をこなしてくれた、といいます。

中学生は大人の私たち以上の痛手と苦しみに遭遇しましたが、同時に、たくさんのことを学び、人の優しさにも出会いました。何より、「自分は必要な人間なのだ」と感じたようです。他人に必要とされるということはその人を強くするに違いないと語りました。

あれから二年。一年生だった子どもたちは、無事、二〇一三年、卒業していきました。「私たち教員は、地域に残って地域で生きていくであろう生徒たちに、人間の良さと温かさ、地域のよさとすばらしさも語ってやる必要性がある」と、嶋崎さんは強調しました。「津波にたいする考え方も、備えもすべてが田老はちがっていたのだと思います。そんなこの田老に、生徒は誇りをもってほしいと願います」。「地域の人たちの生きる姿に尊敬の念を抱き、その方たちと一緒に町を復興していける若者になってほしいと願っています」。「そして、ありがたいことに、地域の方たちの言葉は不思議と魔法のように生徒の心にしみ込んでいくものです。生徒は地域のなかで、地域の色に染まっていき、育てられるのだと新たに思うことが多い年でした」。嶋崎さんはこのように語りました（「地域に育てられ、地域で生きていく子どもたち」、『教育』二〇一三年四月号、および「インタビュー岩手・沿岸被災地域に生きる子どもたち」、『教育』二〇一三年七月号）

想像を絶する被害に遭いながら、地域を再び蘇《よみがえ》らせたいと願う人びと（多くの漁業関係者たち）が子どもたちの後ろに存在します。「子どもの後ろにあるものをよく見ること」。それが教育のはじまりの根拠地だと嶋崎さんは直観します。私は、さらに、地域の人びとのくじけない再生の願いの源泉はどこにあるのか、を知りたいと考えます。しかし、もう少し、学校の話を続けましょう。

「被災で、地域の学校となった」

佐々木宏記さんは、震災後、内陸部から沿岸部の学校に赴任しました（宮古市赤前小学校）。学区の三分の二以上の家屋が流失し、二〇人以上が犠牲となりました。子どもたちの三分の一が、仮設住宅などからの通学を強いられました。震災後、学校が避難所になり、校庭に仮設住宅が建てられる状況に置かれましたが、佐々木さんは、その時、学校はこれまでにない「地域の学校」を取り戻したと実感します。「地域の学校」をつくった校長と教職員の働きは見事だった、とふり返ります（「被災以降に『地域の学校』となった」、『教育』二〇一二年一二月号）。

震災後の一年は、すべての研修会が中止となり、出張は皆無でした。さまざまな慰問や支援物資の対応に追われましたが、学校のなかにゆっくりとした時間が流れていた、と佐々木さんは言います。震災以前は子どもに声を張り上げていた多くの教師の顔から険しさが消え、柔和になりました。これまでは、ゆとりのない教師は、わずかでも手こずらせる子どもの言動があると許せないと感じ、子どもとの関係の悪循環を形づくっていました。それが、子どもと向きあう時間が確保されて、お互いの関係はよりよいものへ見事に転換していきました。

教育行政は、学校統廃合という合理化をすすめ、教育予算を削り、学校にさまざまなものを入れ込み、業務内容を増大させる一方で、教育の質を上げろと叫び、これでもかと教師を追いつめ、縮み込ませてきました。震災直後、被災地の教育委員会は機能がほとんど麻痺《まひ》し、すべての判断を学校が独自に行いました。危機を乗り切らなければならなかったからです。そうして、教師たちは、これまでの窒息した学校の状況に気づき、本来の学校を取りもどす可能性を得ていきました。

あまりに甚大な被害に、自治体の防災体制は機能しないに等しいものとなり、地域住民が頼ったのは学校でした。衣食住や健康管理や、生命や生活の維持に関わるすべてが、校長や副校長に相談され、頼りにされました。「ここしか飲める場所はないからなあ」と、地域の男たちは毎晩校長室に酒を持参したそうです。この一年間は、校長室には仮設住宅の自治会長や地域の人たちが引きも切らず毎日のように訪れました。地域の人たちは、学校に信頼と感謝の気持ちを抱きました。それは前年までの風景ではありませんでした。佐々木さんは、「ここに一つの希望を見出せたような気がする」と述べています。

危機の中で、「地域の学校」という希望が生まれたのです。

「復興の教育」と「学力向上」の引き裂かれ

田老からやや北上するところに野田村立野田小学校があります。田屋保子さんは、震災後、この小学校に赴任しました（前掲「インタビュー　岩手・沿岸被災地域に生きる子どもたち」、『教育』二〇一三年七月号）。

野田村は、田老ほかの地域と比べ、被害は大きくはなかったそうです。しかし、トラブルが多くなりました。目がつり上がっている子ども同士のトラブルの背景に、親同士のトラブルがあることに気づきました（たとえば、仮設住宅住まいのイライラなど）。「そこまで掘り下げていかないと子どもたちの抱えているものが見えない」と田屋さんは言いました。

田屋さんは、神戸に出かけ、震災の語り部が聞かせてくれた話を子どもたちに聞かせます。「ぞうれっしゃがやってきた」（太平洋戦争中、各地の動物園で猛獣が処分され、終戦時には名古屋市の東山動物園に唯一、象が残された。この象を見たいと願う子どもたちのために、一九四九年、各地と名古屋を結んで走った特別列車が象列車と呼ばれた。「ぞうれっしゃがやってきた」は、そのことに題材を取った絵本や合唱曲などで、合唱を上演するとり組みが各地で行われてきた）など、平和と復興の教育にとり組みました。しかし、やっぱり、海に還る実践が必要なのではないのかと思い始めます。再開した地域のホタテの養殖場に子どもたちを連れ出し、ホタテの稚貝が生育する海を子どもたちに見せました。海を怖がっていた子どもたちは、「海は命の海でもある」ことにハッと気づきました。子どもたちは少し強くなりました。田屋さんは、地域の人たちと出会うのがいちばんの学びであると考え、震災で塩を被った田んぼを蘇らせた方に子どもたちを会わせたりと、地域実践を続けていきました。

沿岸部は、漁業とその関連産業の被害がきわだっていました。被災地に立つ教師は、そのきびしい現実を見すえ、漁業を中心とする生活の再建のために、何が大切かを考え、父母や地域の声を聴き、被災した子どもたちが求める学習の要求は何かを考え実践していきたいと願いました。ところが、学校が少しずつ震災以前と同じような「普通」を取り戻すにしたがって、「学力向上（学力テスト）」要求が静かに浸透してきます。その学力向上の内容と方法は、必死になって考えた沿岸地域の再建と子どもたちの生活課題とは、簡単には結びつきません。深いジレンマに、田屋さんはおちいりました。

復興の教育と学力向上の教育が、一つの人格である子どもたちに別々に要求されたのです。子どもたちに、二つの質の違った教育を行わざるをえないという田屋さんの引き裂かれた叫び。沿岸被災地の教師たちは、教育の根本矛盾に突き当たりました。

三陸海岸の豊かさと人々の智恵

田老の嶋崎さんは、「地域の人たちの言葉は、魔法のように中学生の心にしみ込んでいく」と言いました。なぜ、地域の人々の言葉は子どもたちの心をとらえることができたのでしょうか。私は、地域の豊かさ＝地域の教育力を考えることが大切ではないかと思います。

吉村昭の『三陸海岸大津波』（文春文庫版、二〇〇四年）は、明治以降繰り返し三陸を襲った大津波の惨状と悲劇を描いています。私は、吉村がなぜ、記録文学の傑作となるこの貴重な証言・記録を発掘しようとしたのか、その動機が知りたくなりました。吉村は、三陸海岸（田野畑）に魅了されたのです。それは「三陸地方の海が人間の生活と密接な関係をもって存在している」からでした。「三陸沿岸の海は土地の人々のためにある。海は生活の場であり、人々は海と真剣に向き合っている」。

吉村は津波の恐ろしさとともに三陸の海の豊かさを描いていました。三陸の豊かな海とそれに真剣に向きあった人々の生活と叡智《えいち》を。「私はその海岸で津波と戦いながら生きてきた人々を見るのだ」。吉村はそう思うのでした。

吉村は、田老の防潮堤に関心を示し、思索を記しています。「頑丈な防潮堤は津波の力を損耗させることはたしかだ。それだけでも、被害はかなり軽減されるにちがいない」。作家の髙山文彦さんは、『三陸海岸大津波』の地域を吉村と同じように歩き、この田老の防潮堤の記述に注目しました。そして、一九三三（昭和八）年の大津波の後、田老の関口松太郎村長がとり組んだ「田老村災害復旧工事計画」という、世界で初めて津波に挑戦する大計を知ることになります。計画は、市街地計画、防潮堤築造計画、長内《おさない》川護岸計画、田老川護岸計画の四本柱でした。船を失って生き残った漁師たちは、防潮堤の建設工事で金を稼ぐことができ、漁業の再開にこぎ着けました。関口村長は市街地計画のために、東京の都市づくりにたずさわった二人の専門技師を呼びました。できあがった新しい町は、それまでのような細い路地が幾重にも入り組む見通しの悪い街並みから一変しました。中心街の道路は、ふだんは生活に欠かせぬ交通路としての役割をつとめながら、いざというときはそのどれもが避難路に様変わりしました（高山文彦「『三陸海岸大津波』を歩く」『吉村昭が伝えたかったこと』文春文庫、二〇一三年）。

田老は、「幾度津波に壊滅させられようと、そのときそのときを人は懸命に生きぬき、後世に希望を伝えようとしてきた」町でした。人々の言葉が魔法のようにしみ込む謎がここで解けます。教師の嶋崎さんは教育の原点を確信しました。

「生活の復興感」という言葉があります。人と人とのつながりの大切さを感じることができたとき、その人の復興感は高くなる、という使い方をします。

経済学者の岡田知弘さんは、岩手と宮城の産業の復興の違いを、例えば、大意次のように表現します（『震災からの地域再生』新日本出版社、二〇一二年）。宮城県では、いま、これまでの基幹産業であった水産加工業への補助金の手当てが不十分で、むしろ、自動車・ＩＴ家電の部品を扱うサプライチェーンが優先されています。これでは、被災地に、地域内経済循環のしくみをつくり出すことは難しいでしょう。

漁業経済学者の濱田武士さんは、宮城県知事の漁業改革の骨子は、「水産業は衰退著しいのだから元に戻しても仕方ない」「漁業権を開放して、外資も含めた民間資本を動員すべきだ」というものだと指摘します。そしてこの議論は、大手マスコミやビジネス雑誌に好意的に受けとめられると言います（『漁業と震災』みすず書房、二〇一三年）。これが惨事便乗型の改革論です。

そうではなく、水産業の復興を柱にして、もう一度、人と人とがつながりあえる関係を回復する、「生活の復興感」が感じられる漁業改革が求められるのではないでしょうか。沿岸部における教育の復興はこうした漁業改革に結びついて構想したいと思うのです。

濱田さんは、水産物とくに鮮魚は、自然のなかから魚を獲り、鮮度を維持し、活きのよさを判断し、それを購入する人に伝える職能をもった人間あっての商品である、と指摘します。この商品に関わる職能は、たんなる技だけでなく、魚という自然の恵みを通じて、四季折々の自然の息吹を消費者に届けるという表現の豊かさを兼ね備えていました。しかし、大量生産、大量流通、大量消費時代に入り、商品の価値と特定のスペック（仕様）ばかりが重要視されるようになって、自然への依存が強かった漁食文化は衰退し、彼らの職能と尊厳さは軽視・冷遇されるようになりました。商品経済は、漁業を支えてきた人間と自然の関係を危機的状況に追い込んでしまったのです。震災は、いっきに、この危機を加速させました。

この危機から脱却するためには、魚をめぐる社会関係において、経験から培われてきた職能をもった生身の人間をどう復権させるかが大切になります。漁業の復興は、人間の復興（尊厳の回復）とともに果たされるのです。

私たちの生活や仕事は、経済的側面だけでは成り立たず、文化や環境と本来切り離せない関係においてできあがっていました。震災は生活と仕事を奪いましたが、同時に、生活と仕事の本来の姿を教えてもくれました。沿岸部の教師たちは、そのことに気づき、子どもたちに人々の生活と仕事のすばらしさとその復興を懸命に伝えようとしています。

第二節　分断と復興の願いとの狭間――福島原発事故の現実を生きる子どもたち

私は、震災後、相馬市と南相馬市を最初に訪れました。次に、全村避難を余儀なくされた飯舘《いいたて》村や、避難場所となった川俣町や二本松市、福島市、郡山市を訪ね、帰村宣言を行った富岡町の隣の川内村へ。そして、大熊町の住民が集団移転を行った会津若松へと、おじゃましてきました。

学力向上は復興の目安か

私の手元に、相馬市教育委員会が二〇一一年九月三〇日に出した「学力向上のための各校の課題と方策について」という通知があります。「相馬の復興は、教育の力に依るところが大である。子どもたちに学力をつけさせることが必要である」。比較的早くに出された教育行政のこの意思表示に、私は少なくない違和感が先立ちました。やや長いのですが引用します。

「三月一一日に発生した未曾有の災害である東日本大震災により、相馬市では多くのかけがえのない人命や貴重な財産が失われ、甚大な被害を被りました。そして今でも放射能の拡散による被害は、進行中であります。

こうした中、相馬市では徐々に復興が進んでおりますが、これからの復興には教育の力が不可欠であると考えます。特に相馬の子どもたちの学力をこれまで以上に向上させることが必要と考えます。

学力向上対策については、これまでも様々な施策が打ち立てられ、推進されてきました。しかし、今日ほどその必要性が求められている時はないと思います。

震災後のこのような状況であるからこそ、子どもたちに、学力をしっかり身に付けさせ、進路選択の可能性をできるだけ広げさせ、全国や世界で通用する学力を身に付けさせることが重要と考えます。

どんな困難な状況にあっても、自分や家族の生活を支え生きていくためには、仕事に就き収入を得ることが必要です。現代は知識基盤社会と言われており、どのような職業に就くにも学力は不可欠なものです。」

復興の指標は「学力の向上」にある——この文章を書いた人たちの中にも、津波や原発事故の被災で、避難を余儀なくされた人がいるのではないでしょうか。なぜ、こうした「学力の向上」という意思がまっ先に示されたのでしょうか。

この行政文書には、「相馬市の子どもの身に起きている甲状腺被曝《ひばく》への不安や恐れや地域崩壊や家族離散の悲しみや苦しみ」（白木次男『それでも私たちは教師だ』本の泉社、二〇一二年、南相馬市立原町第一小学校教師）に寄りそう、人間としての感情をほとんど感じることができません。原発がどうして福島に存在したのか。原発誘致の産業構造（「東北の植民地化」といわれる）の歪みを正す学習課題への自覚ということも、当然ながら見られません。どうしてなのでしょう。同じように被災して、災害に苦しんでいるのではなかったのでしょうか……。

ここに記されているのは、「学力」を身につけて、いまある熾烈《しれつ》な競争社会（知識基盤社会）を生きぬく思想です。「3・11」以前も、「3・11」後も同じようにそうであり続ける競争社会の想定。震災が起き、そうしたありようが厳しく問い直されても変わらない、日本社会は競争原理を至上価値とする、というゆるがぬ思想です。

遠藤智恵さんは、福島第一原発から北に三一キロに位置する南相馬市立鹿島中学校に間借りする小高《おだか》中学校事務職員です。遠藤さんは、放射能が混じっているであろう空気を吸って生きなければならない息苦しさを告発しました（『フクシマ』で生き、生きていくこと」、『教育』二〇一二年八月号）。空は快晴でも心が晴れることはありません。「子どもたちが見せる意欲のなさ、怠惰なふるまい、怒りをぶっつけ叫ぶ姿などは、この息苦しさと無関係でない」。いのちの根幹にかかわる生活領域で、これから何十年、専門家でも意見の分かれる判断を強いられ、不安と恐怖のなかで暮らしていかなければならないのです。これほどの不条理はないし、これこそが人間性へのいちじるしい毀損《きそん》の事実ではないでしょうか（高史明・高橋哲哉『いのちと責任』大月書店、二〇一二年、参照）。

遠藤さんは、この不条理で不合理な問題を抱えて生きなければならない人々の苦悩を投げつけます。

そういう遠藤さんにとって、福島県教委がこれまで通りに提示する学力向上施策は疑問の凝集点となります。二〇一二年度の、年六回の到達度評価作業である「定着確認シート」や『福島版学力調査』や「福島県算数・数学ジュニアオリンピック」などなど。「未曾有の震災で傷つき、原発事故で居住地を奪われ、今後長期にわたって命と健康の不安に悩まされつづけていく双葉地区や南相馬市の子どもたちにたいして、これらの『学力向上』施策は、本当に彼らを励まし、夢や希望を膨らませるものとして働くのだろうか。どこか間違っていないだろうか」。教育行政がもっと真剣に考えなければならない問題は、ほかのところにあったのではないでしょうか。福島発の教育の疑問は、日本の教育問題の深部を抉《えぐ》って容赦しないものでした。

未来を保障せよ――高校生の告発

福島の高校生による告発を二つ、紹介したいと思います。原発事故の結果を、今後、いちばんに背負わされる一〇代当事者の声です。彼らの不安と動揺の表明に真摯《しんし》に耳を傾ける必要を感じます。

「いっそのこと原発なんて全部爆発しちまえばいいんだ！」という定時制高校生（朝日新聞二〇一一年五月二七日付「声」欄）。

「だってさあ、先生、福島市ってこんなに放射能が高いのに避難区域にならないっていうのおかしいべした（でしょう）。これって、福島とか郡山を避難区域にしたら、新幹線を止めなくちゃなんねえ、高速を止めなくちゃなんねえって、要するに経済が回らなくなるから避難させねってことだべ。つまり俺たちは経済活動の犠牲になって見殺しにされているってことだべした。俺はこんな中途半端な状態は我慢できねえ。だったらもう一回ドカンとなっちまった方がすっきりする」。

この投書の主である定時制高校の教員は、「一教師として応える言葉がない。ぐっと堪《こら》えながら耳を澄まし、高校生にこんな絶望感を与える政府に憤りを覚える」としました。

高校生は、日本社会の基本原理に根本的な疑問を投げていました。日本社会は、結局、人間の命より経済効率を優先するものでしかない、ということを見事に見抜いているのです。人間は、ほんとうに信頼するにたる存在なのか、を問うていたのです。

「爆発しちまえばいいんだ」――率直にして、投げやりな絶望感。もし、彼らに、人間は、所詮《しょせん》、競争的経済環境の中でしか幸福を実感できないという孤立的な人間観が深く横たわっているとしたら、教師はそれにどう答えればよいのでしょうか。

災害が生じた時、人間はどのような行動をとるものなのでしょうか。レベッカ・ソルニットはおよそ次のように答えます。人間はもともと他者の不幸を自らの痛みに感じることができ、災害時、見ず知らずの他者を助け、援助し、気前よさを発揮し、素早く立ち直り、勇敢にふるまい、苦しいときにはユーモアを決して忘れない、そうした存在でもあるのだ、と。共同的な本質をもっている人間であるのだが、しかし、現在の経済や政治の仕組みがそういう人間の力の発揮を妨げ、競争的な人間観を形成してしまうと述べます。（『災害ユートピア』亜紀書房、二〇一〇年）。彼ら高校生にレベッカの考えはどう真実みをもって迫るのでしょうか。教師の戸惑いを振り切る　歩は、このレベッカの思想の鍛え方、深め方にかかっています。

もう一つは、相馬高校放送局の女子生徒たちがつくった演劇「いま伝えたいこと（仮）二〇一二年九月一一日版」（『科学』二〇一二年一〇月）です。彼女たちは、原発から三一キロ離れた南相馬に住んでいます。津波や原発事故という逃れようのない現実に必死で向きあい、翻弄《ほんろう》されながら、私たちは結婚できるの、子どもを産めるの、とつぶやきます。突き刺さる問い。

「放射能にびくびくおびえて生活しているのが自由？　こんなに原発近いのに警戒区域外だからってこっちは何の補償もされてないんだよ？　私は未来の保障をしてほしいよ！」「ほらね、こんなに叫んでも結局届かないんだよ。誰も聞いてくれない」。

少女たちは、作品への「思い」を率直に語ります。「自分の子どもに何かあるかもしれないっていう、えたいの知れない恐怖があります。……自分から言い出すのはつらいですが、……考えてないと思われるのが嫌でした」。「伝えたいことはあるけれど、それをはっきりと言葉にするのは怖かった」（朝日新聞二〇一三年一月一日付、オピニオン）。

一〇代の子どもたちは、言えなかった不安をストレートに発する精神的境地についに達します。幾度、逡巡《しゅんじゅん》が繰り返されたであろう、と想像します。

物理学者・寺田寅彦の「正当にこわがる」（「小爆発二件」一九三五年、『寺田寅彦随筆集　第五巻』）を思い起こします。私なりの解釈を述べたいと思います。この「正当にこわがる」意味は、必要以上に放射能を恐れてストレスをためない、という意味ばかりでなく、私の理解は、こわがることをもっと表立って率直に表現していい、ということです。こわがることは人間として当然の生理であり、生命と生活が脅かされれば、まずはこわがる。こわがることを隠し、平気を装う。これは、真に現実に向きあう姿勢としてある弱点を内包しているのではないのか。寺田は、日本人が危機に真正面から向きあうことを避ける傾向がある、ということを指摘したかったのではないでしょうか。

こわがることで忘却を許さず、思考停止を恥じ、そして健康と未来を保障すべき国家のあり方の沈思へと向かう。「こわがることの正当性」（佐伯一麦『震災と言葉』岩波ブックレット、二〇一二年）。相馬の少女たちの不安と恐怖の表出は、私たち大人に危機に向きあう人間本来の姿勢を示したのだと思います。

二つの高校生の事例は、教師にものごとを根本的に問う姿勢を求めています。私は、武田泰淳の「滅亡について」（一九四八年。『滅亡について』岩波文庫、一九九二年）を読んで考えます。

武田はこの本で〝近代人がともすればこの不幸な言葉にふれたがるのは何故だろうか〟といった

問いを立てています。武田は、なぜ滅亡を論じようとしたのでしょうか。「もとより終戦が敗戦であり、戦争停止がそのまま廃滅のどんづまりであった日本の現実」であったからであり、滅亡は「われとわが身をおどろかし、ゆさぶり、そのあとで沈思させる」対象だからです。一九四五年の日本の敗戦は、滅亡をわが身の問題として考えなければならず、日本の再建は滅亡の危機を通して見いだす、そうした思想を要すると思ったからです。

日本は、滅亡は「まだまだごく部分的なもの」でしかないのですが、中国は「はるかに全的経験が深かった」とします。しかし、二つの原爆は「日本人の滅亡に関する感覚の歴史にとって、全く新しい、従来と全く異なった全的滅亡の相貌を、滅亡にあたえることに成功している」とします。戦後の日本は、滅亡に向きあい考えつつ、社会の再建を試みる——武田はそのように考えました。

「日本の国土にアトム弾がただ二発だけしか落とされなかったこと、そのために生き残っていること、それが日本人の出発の条件なのである。……しかしこれだけの破滅だけでもそれは日本の歴史、日本人の滅亡に関する感覚の歴史にとって、全く新しい、従来と全く異なった全的滅亡の相貌を、滅亡にあたえることに成功している」。

ヒロシマとナガサキの二つの原爆がいかに日本人の滅亡感覚に、従来にない全的滅亡の相貌をあたえたのかを強調しています。日本人の戦後の出発は、この破滅の現実をしっかり心に刻みつけることからしかあり得ない、と述べているのだと思います。

敗戦国日本が被った、このまったく新しい、全的滅亡の如き相貌に恐れをなすのではなく、臆病になるのでもなく、忘れっぽくなるのでもなく、思考を停止するのでもなく、ただしっかりと滅亡の危機を考えることを主張したのです。

武田の滅亡の思想で特に重要なのは、次の指摘です。「すべての文化はある存在の滅亡にかかわりを持っている」という一文です。「文化を生む以上、そこに非滅亡たる一線、ごく細い、ほとんど見分けがたい一線があるにちがいない」。滅亡という危機の中で、非滅亡の一線を見つけて、それを積極的に肯定する思想を形成しなければならないということです。科学のいちじるしい発展によって、これからの世界は「目にもとまらぬ全的消滅を行い得るであろう。そのとき、ヒューマニズムは如何《いか》なる陣容をもって、これと相対するであろうか」。

戦後の思想は、滅亡を超えて生きのびる文化のあり方（ヒューマニズム）を考えようとしました。被災地の現実は戦後の思想を必要としていたのではないでしょうか。こうした限界状況における人間の思想に学び、教師は子どもたちからの根源的な問いに応えなければならないのではないでしょうか。そういう事態にいま、生きているように思えてなりません。

批判力の喪失——原発安全神話教育について

大熊町は、福島第一原発六基中四基が町内に設置されています。人口約一万一〇〇〇人。全町が原発から一〇キロ圏内です。大熊町は、災害時、住民約四〇〇〇人が会津若松市に集団移転しました。全町避難や会津若松での学校の立ち上げの様子（幼稚園二校、小学校二校、中学校一校）、そして地域住民の支援については、武内敏英（教育長）著・大熊町教育委員会編『大熊町学校再生への挑戦』（かもがわ出版、二〇一二年）に詳しく記されています。

武内教育長は、学校立ち上げにさいし、「文字どおり寺子屋からの出発になります。教育は選んだり、買ったりするものではなく、自分たちでつくっていくものです」とあいさつしています。一方、会津若松の地元住民は、廃校を利用しての開校について、「おらほの学校がよみがえった」と言い、協力と支援を惜しまなかったそうです。運動会では学校が立地する旧小学校地区の全世帯が招待を受け、お互いに感謝の気持ちを表明しあいました。大熊町の学校立ち上げは、会津若松の地域コミュニティとの連帯を生み出したのです。

武内教育長は、「教育の原点＝人間同士のつながり」に焦点をあてた教育の挑戦を続けなければならないと考えました。「知識伝達の授業からは受動的な人間しか育たない」と述べ、とくに、福島県の教育行政全体が押しすすめる「学力向上策」に批判的な目を向けました。「今回の大震災、原発事故を受けても『学力向上』の大合唱が耳に入ってきます。この非常時にはたしてこれでよいのでしょうか。……学力向上、教育関係者にとっては周囲の批判、非難を避ける安全地帯なのかもしれません」。いまほかにやるべき重要な教育課題があるのではないのか――武内さんは根本的な疑問を提示しました。教育の復興の目安は学力の向上という福島教育行政の方針に、武内さんは批判的でした。

大熊町の今後の学校再生の方針を考える上で、外せない論点の一つは、「3・11」以前の「原発安全教育」にたいしてどのような認識と反省を示すのか、という問題です。

二〇一三年八月の日本教育学会（一橋大学開催）では、公開シンポジウム「原発事故・放射能被災を学校教育はどう受けとめるか」が開催されました。シンポジストの一人、大熊町にある大野小学校の前校長で、現大熊町大野幼稚園長の大清水久雄さんは、事故前の学校と原発はどのような関係にあったのか、をかなりの時間を割いて報告しました。

大野小学校は、原発立地に伴う国からの交付金で「潤った」町にあり、教育施設設備（学校司書のいる図書館が併設、エアコン・空気清浄機が備え付けられた教室など）は充実しており、恵まれた教育環境の学校でした。保護者の六割は電力会社および関連企業の仕事に携わっていました。福島第一原発と第二原発には「教育担当広報」があり、原発立地地域の幼稚園から高等学校までを訪問し、原発の安全性に関する授業を行い、原発施設見学などの広報活動をひろく行ってきました。郡内における、歴代の小中学校の校長会会長などの役職者がその広報担当を担ってきました（日本教育学会第七二回大会公開シンポジウムⅠ「原発事故・放射能被災を学校教育はどう受け止めるか」二〇一三年八月二九日、一橋大学国立キャンパス、当日配付資料参照）。

学校管理職の口から、事故後、公の場で、原発安全教育が学校と東電との連携・協力のもとで行われていた事実を聞くのは初めてでした。

この問題について、武内大熊教育長は何を語っているでしょうか。前掲書には、「安全神話と原発城下町」という一節があり、原発立地以前と以後の様子が記述されています。「安全神話にどっぷりつかって四〇年」とあります。ただし、原発安全神話教育に関する東電と学校の協力関係の事実については記されていません。注目すべきは、武内さんが、全村避難後に、映画監督・伊丹万作（一九〇〇年一月〜四六年九月）の「戦争責任者の問題」（一九四六年八月、死の直前）を引用したことです。「『だまされていた』といって平気でいられる国民なら、おそらく今後も何度もだまされるだろう。……」。そして、この一文から、これまでの教育の見直しとこれからの改革のヒントが見えてくると述べ、次のように言います。「私たち大熊町民のように放射線に追われ、踏むべき土も失ってしまうような境遇の人間を、日本からはもちろん、地球上から二度と出してほしくはありません。しかし、このような事態を招いたのもほかならぬ人間（日本人）なのです。人間を育てる教育の責任は大きいと考えております」。

この認識は原発安全神話教育を行ってきた当事者の反省の弁といえるように思います。もちろんそれは不十分なものかもしれません。しかし私は、ほかの教育行政職者からこのような反省の言葉を聞いたことがないのです。武内さんの反省の語りはむしろ異例だったように思います。

映画監督の伊丹は、敗戦直後、戦争に加担する国策映画を撮った多くの映画人を捜しだし糾弾し、一方で、自分たちはだまされていたとした国民の開き直りに対し、「だまされるということ自体が一つの悪である」と返しました。「あんなにも雑作なくだまされるほど批判力を失い、思考力を失い、信念を失い、家畜的な盲従に自己のいっさいをゆだねるようになってしまった」国民と映画人の両方の罪をこそ質《ただ》したのです（「戦争責任者の問題」『伊丹万作エッセイ集』筑摩書房、一九七一年）。これは死に瀕《ひん》した伊丹の、最後に残す怒りの言葉でした。

武内さんは、だまされるということ自体が一つの悪であるという伊丹の言葉に突き動かされ、批判力を失っていた自分を恥じたのだと思います。教育の見直しと再生はここからしかはじまらないという密やかな覚悟の表明だったのだと思います。

大熊町の教育関係者からこのような認識と姿勢が生まれていることに、未来をひらく力を信じてよいように思われます。

第三節　復興の教育思想とは何か——いかに国家と企業の罪を告発するのか

水俣病の思想と福島原発事故

私は、原発事故による福島の人々と子どもたちの受難を思い、復興の手がかりを見いだすために、水俣病の思想を学び始めました。それは、端的に言えば、次の池澤夏樹さんによる石牟礼《いしむれ》道子『苦《く》海浄土《かいじょうど》』評に触れたからでありました。

「ある会社が罪を犯し、その結果たくさんの人々が辛《つら》い思いをした。糾弾することはたやすい。しかし、加害と受難の関係を包む大きな輪を描いて、その中で人間とは何かを深く誠実に問うこともできるのだ。」（『世界文学全集　苦海浄土』河出書房新社、二〇一一年、その本の帯のことば）。

『苦海浄土』（講談社、一九六九年）は、水俣のチッソという私企業の化学プラントからの廃液に含まれる有機水銀による中毒患者の苦しみを物語の基点としています。そして、日本の社会と国家の欺瞞《ぎまん》を告発しています。

チッソと東電のウソ、その無責任さと罪の深さ。国家と地方自治体における犯罪の隠蔽《いんぺい》。被害の拡大。住民・患者への差別と侮辱、さらには分断への謀計。福島第一原発の事故との類似性をただちに想像させる作品でした。

「加害と受難の関係を大きく包む輪を描いて、その中で人間とは何かを深く誠実に問う」——福島を考えぬくためには、このようなスケールの思想が必要ではないかと思われました。

私が『苦海浄土』から学んだ最大の点は、水俣が苦海にして浄土であったということです。水俣の漁師は、かつて不知火《しらぬい》海でいかに至福な生活をおくっていたか。漁師たちの幸福を描くことで、企業（チッソ）を告発し、国家の罪を糾弾できるのだ、と知らされたことです。日本の貧困な政治を打ち破るには、水俣病の患者に、豊かな人間としての矜持《きょうじ》に立つ生活のモラルがあるに違いなく、それはかつてもちえた漁師で生きる幸福感にこそ根拠がある、ということでした。
水俣病患者・坂上ゆきの語りは、まことに国家と企業へのはげしい告発になりえています。

「うちが働かんば家内が立たんとじゃもね。うちゃだんだん自分の体が世の中から、離れてゆきよるような気がするとばい。握ることができん。自分の手でモノをしっかり握るちゅうことができん。うちゃじいちゃんの手どころか、大事なむすこば抱き寄せることがでけんごとなったばい。……心ぼそか。世の中から一人引き離されてゆきよるごたる。うちゃ寂しゅうして、どげん寂しかか、あんたにゃわかるみゃ。」

かつて、坂上ゆきは茂平と二人、夫婦舟で漁に出ていました。

「茂平やんの新しい舟はまたとない乗り手をえて軽かった。彼女は海に対する自在な本能のように、魚の寄る瀬をよくこころえていた。そこに茂平を導くと櫓《ろ》をおさめ、深い藻のしげみをのぞき入って、
『ほーい、ほい、きょうもまた来たぞい』
と魚を呼ぶのである。しんからの漁師というものはよくそんなふうにいうものであったが、天草女の彼女のいいぶりにはひとしお、ほがらかな情がこもっていた。

海とゆきは一緒になって舟をあやし、茂平やんは不思議なおさな心になるのである。」

（『苦海浄土』「第3章　ゆき女きき書き」）

水俣の方言に包まれて、たましいが解きほぐされていきます。柔らかくなって、みずみずしい心をえたようで、それがかえって、水俣病を生み出した企業（チッソ）と国家への怒りと憤りを誘うのです。

チッソは、一九五九年、患者との間で「見舞金契約」を結びました。同契約書にはこうあります。「子どものいのち　年間三万円。大人のいのち　年間一〇万円。死者のいのち　三〇万円。葬祭料二万円」。まことに天地に恥ずべき契約書。次の第五条にこうあります。「乙（患者互助会）は将来水俣病が甲（工場）の工場排水に起因する事が決定した場合においても、新たな補償金の要求は一切行わないものとする」。

チッソは患者に病気を押しつけ、それを否認し、責任を回避し、補償を値切り、国を味方につけ、正当な要求を強引に突っぱね続けてきました。一九五六年の水俣病発生の公式確認、一九六九年の水俣病裁判の提訴以降、水俣病患者はこのチッソと国を相手にたたかいを続けてきたのです。

医師として長年水俣病患者に寄り添ってきた原田正純は、「水俣学」を提唱し、自ら実践を重ねてきました。原田は言います。

「あのとき、人が傷つき、狂い、死んでいるとき、世論（国民）もまた、豊かさと便利さ（経済発展）を選択したのではなかったか。その意味ではわたしたちにも責任がないとはいえない。被害者だけにそのツケを背負わせてはならない」。

「水俣学の講座は水俣病の知識を広めるための講座ではない。水俣病事件にさまざまなことを映してみて何が見えるかの実験的な講座である。そのような試みを通して、『学問を何のために、誰のためにするのか』『行政は何のためにあるのか』『専門家とは何か』『わたしたちの生きざまは何か』ということまでがみえるのではないか」。

（「解説　水俣病の五十年」、『苦海浄土』講談社文庫所収、二〇〇四年）

加害と受難の関係を大きく包む輪を描いて、そのなかで人間とは何かを誠実に問う――水俣学はそのような思想によって生み出されました。原発災害に苦しむ福島の人々にとって、水俣学は他人事ではない生きる知恵の糧《かて》として映るように思われます。復興を考える福島（地元）学の誕生という可能性はないものでしょうか。

「までいな」村づくりと有機農業

福島第一原発の事故で全村避難指示が出された飯舘《いいたて》村。自立した「までい」（手間ひまを惜しまず）な村づくりをすすめてきた村民は、丹精込めた豊かな土地を捨てることを余儀なくされました。

飯舘村は、平成の大合併を拒否して、自立の道を選んだ自治体です。そのときの村の協議会で、村民の共通する思いを述べた女性がいます。女性は言いました。

「合併問題は結婚と同じだと思う。自分の人生を決めることにもなるのだから。……だから、メリットとデメリットを比較して判断を、というういい方は違和感がある。私は、結婚を損か得かで決めたくない。一緒にやっていける価値観をもっているかどうかで決めたい。／自分は、飯舘村が合併によって周辺化し、今以上に過疎化が進むのが一番心配だ。相手が、俺のところは裕福だから、俺と結婚すれば幸せになれるぞという考えなら嫌だ」。

（千葉悦子、松野光伸『飯舘村は負けない』岩波新書、二〇一二年）

までいな村づくりは、このような価値を共有し豊かな創造を志す人間の存在に依拠してすすめられてきました。人間の農と大地への思い。原発事故は、この形成（耕作）の意思を台無しにしてしまったのです。その罪は重いといえます。しかし、までいな人々の幸福を求める意思がたしかに存在したという事実はしっかり心に銘記したいと思います。

二本松で、一五年以上有機農業を営んできた菅野正寿《すげのせいじ》さん。赤トンボの舞うふるさとの原風景を子どもたちに伝えていこうと地域資源循環型のふるさとづくりをすすめてきました。有機農業運動が軌道に乗ってきたときに原発事故は起こりました（「子どもたちの歓声が野良にこだまする日まで」、

『教育』二〇一三年三月号）。

豊かな里山は、放射能で、つぎつぎに汚染されていきました。それでも菅野さんたちは、あきらめず智恵と力を集めて、土を耕し、種をまき、米も野菜も作りつづけました。日本有機農業学会と二本松の農家による共同調査（二〇一二年秋）は、粘土質と有機質の高い土壌ほど放射性セシウムが土壌に固体化され、農産物への移行が低減されることを明らかにしました。有機農業による土づくりが復興への光であることが証明されたと菅野さんは言いました。茨城大学名誉教授・中島紀一さんは「土の力と農人の耕す力で福島の奇跡が検証された」と感動を語りました。

菅野さんは、食の自給とともに再生可能エネルギーの自給をすすめなければならないと言います。豪雪地帯の会津には水力発電、冬でも天気のよい浜通りは太陽光、そして中通りの山間部は畜産が盛んであるし、山林も利用したバイオ燃料など地域分散型により、地域に合ったエネルギーが生みだせると述べています。長い歴史のスパンのなかの、たかだか原発の五〇年でこの福島の稲作文化にピリオドを打たせるわけにはいかないのです。

私は、福島において幸福を追う人々がいる限り、復興の教育意思は消えないだろうと確信しています。

第2章　福島における「怒りと祈り」——和合亮一『詩の礫』より

本章で私が試みたいことは、福島の人、とくに子どもや教師の気持ちをすこしでも想像してみることです。予期せず、突然に、最悪の事態に投げ込まれた、その人々の気持ちを知ることです。

私は、詩人で、福島市在住の高校国語教師、和合亮一さん（一九六八年生まれ）をとりあげようと思います。和合さんは、震災から五日後の三月一六日から、ツイッターという手段で詩をつづりはじめました。六月末、ツイッターに発せられた詩は、『詩の礫《つぶて》』（徳間書店）、『詩ノ黙礼』（新潮社）、『詩の邂逅《かいこう》』（朝日新聞社）としてまとめられました。詩は最初、直情的な「怒り」の言葉に満ちていました。和合さんは綴ります。「行き着くところは涙しかありません　私は作品を修羅のように書きたいと思います」（『詩の礫』、一六日）。徐々に冷静さをとりもどした和合さんは、四月、被害のはなはだしい相馬の浜辺に行き、被災地の人びとに耳を傾けました。それは自分自身を回復する過程でもあり、「自分はどうやって生きていくか」という思想がほしくなったと言います（「震災は静かに続いている」『kotoba』集英社、二〇一一年秋号)。和合さんの、「思想」がほしくなったというこの精神の過程に、私は注目したいと思います。

言葉をとりもどして、和合さんは書きました。「いつも　すっくと立って　私を励ましてくれる樹木とあの人　ありがとう　そんな校庭の木があります」(『詩の邂逅』)。子どもや教師や学校に目を向けはじめます。和合さんはいつしか祈るようにして詩を書いていました。危機は文学(詩)によって、語り出されなければならなかったのかも知れません。和合さんの詩に、希望の教育学が考えなければならない何かを見つけだせるに違いないと私は思いました。「思想」を求めた和合さんの詩に、危機の中で人間への信頼という感情がこのようにして形成される、という事実を直観しました。

(1)三部作『詩の礫』『詩ノ黙礼』『詩の邂逅』──怒りから祈りへ

和合さんは、『詩の礫』『詩ノ黙礼』『詩の邂逅』を、二〇一一年六月に、相次いで出版しました。『詩の礫』は、三月一六日から五月二五日までに、ツイッターに発した詩を集めたもの。あと二冊の下敷きになるものです。

『詩の礫』は、「これまでに人類が体験したことのないこの絶望感を誰かに伝えたい」「死と滅亡が傍らにある時に、言葉を残したい」との思いで書き出されました。言葉をパソコンに投げつけました。「チクショウ」とつぶやき、悔しさと情けなさと怒りが混ざりあった心地で、泣きながら、言葉を打ちました。「放射能が降っています。静かな夜です」「ここまで私たちを痛めつける意味はあるのでしょうか」。

思いがけず、和合さんの投げつけた詩に、フォローが届きました。一七一人。翌朝に五五〇人、三日目に八〇〇人、…………。和合さんは、言葉には力がある、と思いました。書いた一連のものを「詩の礫」と名付けました。

和合さんは、すでに、中原中也賞を受賞するなど、数冊の著作をもつ現代詩人でした。その彼は、この時、読者を意識しないで書いていました。彼は、自分の中の「絶対」が崩壊して、表現にタブーがなくなったといっています。現代詩人だったら絶対に使わない「諦めない」や「明けない夜はない」といった直情的な表現を使ったと言います。そして、自分をずいぶんと縛っていた詩のフォルマリズムから解放され、ほんとうに自由になった、と述べています。

和合さんは、四月に入って、津波被害のはなはだしい南相馬の浜に出かけるようになります。『詩ノ黙礼』はこうして書かれました。たくさんの失われた魂、悲しみ、絶望に「黙礼」しようとしたのです。『詩ノ黙礼』は、はじめから一つのテーマで書かれました。それは、「死者との対話」です。

怒ったり、悲しんだり、放心した状態で書くのではなく、「自分はどうやって生きていくのか」の指針になるものを書きたい——和合さんの胸の奥から灯された感情は「鎮魂」に向かいました。

そして、鎮魂は、「祈り」と「思想」を求めたのです。

『詩の礫』『詩ノ黙礼』に続き、被災地の人びとへのインタビューを交えて書き下ろされたのが『詩の邂逅』です。和合さんは、被災地の人びとの話に耳を傾け、自分自身を回復していきました。そのテーマは、「生者との対話」でした。生者との対話は、「まだ希望は持てないかもしれないけど未来へとつながっていく可能性を持つ」ことができたと言います。和合さんは、震災前に自分が書いてきた詩は抽象的であったのに対し、この三冊は向かう先がハッキリしていると述べています。死と向き合うことで、和合さんは自分自身を再生できたとし、「震災で傷ついた福島の、ここにある私たちの生活」へと真直《まっすぐ》に向き合うことができるようになりました。

「20キロ圏内から30キロ圏内は　緊急時　避難準備区域　に指定　高校教師をしている　知人のSさんに　伺った　『必要としている生徒がいる限り　ここで　生きていく』　空白の隣　『生きていく』の響きはこのようにも　強い。」（『詩ノ黙礼』）

はじめ、凄惨なる津波の衝撃と、原子力発電所が爆発してから後の国家と企業への失望感と、見えないものへの恐怖感に襲われます。しかし、被災地の人びとと接して、福島の現実に向きあう力を回復していく詩人にして教師。その存在に惹きつけられます。

詩人は、何を、語っていたのでしょうか。私は、何を学ばねばならないのでしょうか。私は和合さんの詩を、ひとりの詩人にして教師の生活綴方として読んでみようと思います。思いつくままに、いくつかのことを、書いていきたいと思います。（以下、典拠を示した以外は、『詩ノ黙礼』より）

（２）『詩の礫』の思想

放射能といっしょに暮らす――「見えない戦場」

まず、思うことは、放射能といっしょに暮らすことの意味であり、それは「見えない戦場」で戦うという現実を知る、ということでした。

「放射能という我が幽霊。空気を睨む　俺の不安が　俺の肌を気ぜわしく　歩く。
空気は今　大変な現実を語ろうとしているが　何も　見えないままだ。
空気は今　正しくない現実を知らせようとしているが　何も　見えないままだ。」

福島市在中の和合さんは、原発爆発直後、妻と息子を、山形に避難（疎開）させました。四月、その妻と息子（中学一年）が帰ってきます。

「妻と子が避難していた山形から、戻ってきた。覚悟を持って生きる、と二人は言うが、私は心配である。

朝早く　妻と珈琲を飲みながら話す　妻は珈琲を飲まない　『チェルノブイリは　事故後しばらくしてから　汚染地図が　できあがった』夜中二時まで　妻は　こんな　ある手記を　読んでいた。『親たちの後悔をいっぱい見てきた』『視力が低下したり』『風邪が長引いたり』『お腹が、壊れたり』……、それから具合が悪くなった。その手記そのものは、悪い夢であって欲しいね。いくらでも眠ろう。」

放射能に過敏な子どもへの親の切実な心配と不安が綴られます。長く続くに違いない脅《おび》えがあらわされます。

原発事故後、いち早く福島県浪江町に入ったフォトジャーナリストの豊田直巳さんは、放射能に晒《さら》された被災者の言葉、「見えない戦場で戦っているみたい」（『福島　原発震災のまち』岩波ブックレット、二〇一一年）を紹介しています。豊田さんは、これまで、イラクやパレスチナの戦場の現場を歩いてきました。そこで感じたことは、「戦場では、誰もが常に危険を意識し続ける苦しさから逃れられないということ」「今、自分がここに生きていることしかわからず、数時間後の未来すら予測できない。そんな不安に苛《さいな》まれる人々」がいたということでした。戦場とはそういうところです。福島は放射能という「見えない戦場」がひろがっていると豊田さんは感じました。

福島に生きる人びとの、「苦しさ」と「不安」と、それらとの逃れがたいたたかい。和合さんの詩は、「見えない戦場」からの声に耳を傾けてほしいという、切なる願いのかたまりです。私は、それを受けとめたいと思います。

死者と悲しみ

普賢岳、奥尻、阪神大震災など被災の現場に何度となく足を運んできた精神科医の野田正彰さんは、東日本大震災では、人びと全体が悲しみのなかにあり、もっと、マスメディアなどは悲哀を大切にすべきだと述べています（「被災者に寄り添い、悲しみを共有し、復興に向かう力を」『前衛』二〇一一年六月）。死者を悼《いた》むのが災害救済の基本であるにもかかわらず、日本社会は、その感受性が弱く、悲しみを聞きとることができない社会になってしまった、と告発しています。

死者を悼むのが災害救済の基本。こうした野田さんの指摘を知るとき、和合さんの詩は悲哀の大切さにしっかりと向き合っていることに気づきます。

「浜辺で風の音を聞いた。浜辺を渡る強い風の音が、泣いている声に聞こえた。
向こうから歩いてきた老人が、両手で涙を拭っていた。こんなに悲しい場面があるのだろうか。
私もまた両手で、拭おう。
雲の切れ間に黙礼。きみはどうしてそのようにも平然と、切れ間でいられるのか、怒りを知らないのか、悲しみを知らないのか、３７６人の死者が、打ち上げられたんだぞ。

飯舘《いいたて》村。計画的避難を苦にして、自ら命を絶った、おじいちゃん。涙。黙禱。」

被災者の悲しみにきちんと寄り添い、それを表現しようと努力する和合さん。死者を悼む試みは、死者が私たちに何を残したかに思いをつながらせます。

哲学者の内山節さんは、復興の思想は、死者の思いと死者が残してくれたものを受け継ぐところからはじめなければならない、と述べています。日本の伝統的な共同体における死者供養は、死者となった人たちのつくりだした世界を受け継ぎ、これからもそれを大事にしながら生きていくことを死者たちに約束することであった、とします（「文学的なグランドデザインを」、『復興の大義』農文協ブックレット、二〇一一年）。

災害の復興は、被災者の消えかかった気力を中心においてすすめなければならないでしょう。和合さんの詩は、被災者の消えかかった気力を何より大切しようとの思いを感じさせます。それは、きっと、野田さんや内山さんの「復興の思想」にひびきあっていくにちがいないでしょう。

記憶と想像力

和合さんは、少年の頃の記憶を懸命に呼び出そうとします。幼い頃の記憶がいかに大切であるのかを訴えています。

「土を返して下さい　幼い頃　友達と外で、激しいけんかをして　口の中に　砂が入った　僕も
チクショウ　友達も　チクショウ　返して下さい　幼い日の　悔しさを。
土を　砂を　返して下さい　幼い子どもと　一緒に　砂場で　穴を掘り　……穴を掘っている息
子の手を……穴を掘って　捕まえる　ほら　捕まえた　ぎゅ　……　返して下さい　砂と指の　優
しさを。」

幼い頃に聞かされた祖父のイメージを蘇《よみがえ》らそうとします。

「シベリアで亡くなった祖父よ。シベリアの意志に閉じ込められて、そうして他界したのか。あ
るいは納得していたのですか。私は放射能の野に、閉じ込められて思うのです。あなたの思想を、
私に下さい。あなたが全身で学んだ真冬の思想を、私に下さい。」

（『詩の礫』）

放射能に痛めつけられた今を生きぬくために、和合さんは、昔の記憶を蘇らせます。幸福であっ
た記憶は、今の自分を支えるのです。祖父に与えた厳しさへのイメージは、今を生きさせるのです。
被災地を何度も訪れた池澤夏樹さんは、人間の記憶という想像力の働きの重要性を考えます。想
像力は今を生きぬく倫理性を育む。池澤さんは言いました。「人間はすべての過去を言葉の形で心

の内に持ったまま今を生きる。記憶を保ってゆくのも想像力の働きではないか。過去の自分との会話ではないか」。過去の自分との会話がなぜ、大切なのでしょうか。

池澤さんは言います。「認知症の母の世話をしている人から聞いたのだが、認知症では過去のことが戻ってこない。だから今の不満を過去の幸福な思い出で埋め合わせることができない。不満を過不足なく受けとってしまうから、どうしても言うことがきつくなるという。言い換えれば過去の自分との会話がない。あるいは、明るいこともあるはずの未来への投射がない。そういうものはみな想像力の所産だから。」（『春を恨んではいけない』、前掲）

過去の幸福な記憶は、今ある苛酷《かこく》な現実を耐えさせ、許しがたい現実を告発し、そして、現実を変え、明るい未来の到来を想像する力を与えるでしょう。池澤さんは震災の中で必死に「記憶する」を考えました。和合さんもまた、そのような考えに行きついたに違いないと思います。

私は、池澤さんや和合さんを読み、ナチスドイツが行ったユダヤ人虐殺の場である強制収容所でのホロコーストから、奇跡的に生還した心理学者フランクルの次のことばを想起しました。

「収容所に入れられ、なにかをして自己実現する道を断たれるという、思いつくかぎりでもっとも悲惨な状況、できるのはただこの耐えがたい苦痛に耐えることしかない状況にあっても、人は内に秘めた愛する人のまなざしや愛する面影を精神力で呼び出すことにより、満たされることができるのだ。」（V・Eフランクル『新版　夜と霧』みすず書房、池田香代子訳、二〇〇二年）

記憶を呼びもどし、想像力という倫理を得ること。和合さんは、福島を生きぬく思想を私に教えています。

祈る

和合さんは、「祈るような気持ちで詩を書いています」と言いました。祈るとは何でしょうか。

「4月10日、日曜日。相馬、松川浦。騒然とした瓦礫《がれき》の海は無言だった。祈るしかない。標識が倒れ、木が倒れ、きちんと生きていますか。瓦礫が倒れ、呆然としている男たち、きちんと生きていますか。生きていますか、生きていますか、きちんと生きていて下さい。黙礼。祈るしか無い。」

人はなぜ、祈るのでしょうか。池澤夏樹さんは、被災地・大船渡に住む敬愛する医師であり、カトリック信者であり、著名な言語学者である山浦玄嗣さんを訪ねました。話を聞き、次のような言葉を知りました。そして驚きました。

「祈るとは、自分は何をすべきなのか、それを伝える神の声を聴こうと耳を澄ますことである。

教えを乞うことである。自分は斧《おの》なのか、槌《つち》なのか、あるいは水準器なのか、それを教えてほしい。それがわかれば、神意のままに身を粉にして働くことができる」（池澤夏樹『春を恨んではいけない』）。

もちろん主体性は人間の側にあります。信仰のあるなしを越えて、自由意志でその道を選びとるのです。祈る和合さんは、自分に何ができるのか、必死に考えていたのではないでしょうか。以前に、知とモラルの関係をめぐって、「祈る」ことの意味を考えさせてくれた文章を読みました。それは次のようなものでした。

学問的な知の営みは、他者に向けての、他者の可能性や未来の時間に向けての、そして人間の尊厳に向けての純粋な祈りによって分有されているべきなのです。いまの日本社会における知の営みは、どのような普遍的な祈りに結びついているのかを問うようなことがますます行われなくなり、こうして、知の創造に携わる人間は、ますます尊大になってしまいました。（小林康夫「魂の自然な祈り」、『知のモラル』東京大学出版会、一九九六年）

「祈り」の詩は、他者のための、人間の尊厳に向けての知への誘いを生むでしょう。

価値の転換

和合さんは、被災地の人びとと対話を重ねました。南相馬のクリーニング業の六三歳の女性、富岡町役場勤務の五三歳男性、富岡町理容業六七歳女性、飯舘村酪農業二九歳男性、ラジオ福島編成局長アナウンサー五六歳男性、福島県立博物館学芸員五二歳男性、原町高校教師四五歳男性。被災地に生きる人びとの切実な声を、和合さんが誠実に聴きとっていることがわかります。

ラジオアナウンサー大和田新さんは、国や東電が発表する数値には心がない、と述べ、みずから被災地に入り、人びとが受ける実際の苦しみを放送するよう心がけました。そして、次のように、価値の転換に触れ、教育の力に期待する、と和合さんに語りました。

「福島県は農業も漁業も商業も観光もいま浜を中心に壊滅的な打撃を受けていると思うんですよね。これを立て直すには人材育成・教育に力を入れていくしかないと思います。日本全体としては、便利に慣れすぎた価値観を変えていかないと。ひとりひとりが当たり前だと思っていた価値観を日本人自身が転換しなければ、大震災も教訓にできない」（『詩の邂逅』）。

価値観の転換とは具体的にどんなことでしょうか。大和田さんが話した事例を和合さんは詩に綴りました。防護服を着て、七〇センチ四方のポリ袋ひとつを持たされて、二時間の帰宅を許されたある女性の話。

「富岡町のある人は、２時間の帰宅を許された。久しぶりの家の中に入って、その人はずっと、あることをしていました。何をしていたのか、わかりますか？　とOさんは私に聞いた。ただ家の中で2時間、泣いていただけ…、だったそうです。そしてその方は、何も持たないで家から、帰ってきたそうです。Oさんは、その方に、このように話したそうだ。『泣くために家に帰ったんだ…、と思えばいいじゃないですか。』」（『詩の礫』）

人間は泣くことによって、現実に戻ってこれる。その人が、なぜ、許された二時間を泣くことに費やしたのかに想いを寄せることができること。あるいは、泣くことを強いる理不尽な社会に怒りを向けること。便利さをこえる価値の転換とは、じつはこのようなものなのではないでしょうか。便利さより泣くことの方が大切だということです。

「避難所は、苦しい生活を強いられています。避難所で遊ぶ、子どもの声にとても心が助けられる、というお話をラジオなどで良く聞いています。どんなに辛《つら》くても、未来の声を、耳を澄ませて、聞いていきたい。」（『詩の礫』）

子どもという未来の価値。未来の価値を何より大切にしたい。和合さんは、被災地の人びととそれを共有することができています。

言葉を信じる

和合さんは、「言葉を信じる」と何度も使います。言葉を信じたい——それは人間を信じたいという思いに繋がります。和合さんは、人間への信頼が震災前よりも、あきらかに豊かになったに違いないでしょう。最後に、この点を考えたいと思います。

まず、人間の日常にひそむ否定的な部分、嫌悪すべきものをみつめる和合さんを紹介します。

「福島・茨城震度6弱。昨日の夜更けは、タクシーの運転手さんと二人で、月を見ながら泣きたくなる。『運転手さん。福島の方、お断り、という張り紙が他県のガソリンスタンドにあったそうですね』。何故。何故に、『福島』であるだけで。拒否される。」

同じ被災者でありながら、差別と分断が起きてしまう悲しい現実。だから、和合さんは、人間の否定的な側面から目をそむけて、「言葉を信じる」といっているのではありません。たんなるきれいごとから人間への信頼の言葉をつづっているのではないのです。そこが大切でしょう。

にもかかわらず、言葉を信じ、言葉を紡ぐ人間を信じようとするのです。和合さんは、被災地の人びとと出会い、悲しみや怒りや恐れや不安や疑心やのうちから生まれるこうした感情とは異なる人間への信頼に結びつく気持ち（希望）を書かずにはおれません。

「漁をして暮らしていた言葉は、こう語った。『海は今まで飯を食べさせてくれた、家も建てさせてくれた』『家も船も流されてしまったが、家族は無事だった』『ありがとう』。言葉が言う、『ありがとう』。言葉が言う、『悲しいけれど、ありがとう』。」

津波警報を役場のマイクで発し続け、自らは逃げ遅れて、亡くなられた女性を語る詩。

「南三陸。役場に勤めていたある女性は、必死になって、マイクの前で、最後まで、避難を呼びかけた……。南三陸。黒い波があらゆるものを奪っても、女性は必死になって、呼びかけた。『高台へ、高台へ』……。そして女性はそのまま帰らぬ人となった。最後まで、最後まで、津波を知らせ続けた……。女性のご両親は後日に、正に津波が押し寄せて来た時の、記録映像を見ていた。〈高台へ避難して下さい、高台へ避難して下さい〉。美しい凜《りん》とした声を聞いて、お母さんはぽろぽろと泣いた。『まだ言っている、まだ言っているよ』……。」

人間はほんとうに信頼できるものなのか――希望と絶望の紙一重になっているところで、人間の真実（本当の姿）は追求される必要があるでしょう。人間には、善の可能性とならんで悪魔的な可能性があることをしっかり認識することが重要です。そういう人間の深みに降りたって、人間の信頼は考えられなければなりません。

「人間の信頼」を誰よりも深く考えた吉野源三郎は、「自分で思っているよりももっと深い心の底で、自分でも気がつかなかったほど痛切に、私は人間への信頼をほしがっているのでした」と述べています。なぜなら、「人間というものを信頼せず人間を愛するに値しないものと認めるならば、もう私にとっては、真剣にならなければならない事がらは一つもない、といってよいことになるからです」（吉野源三郎「ヒューマニズムについて」一九六七年、『人間を信じる』岩波現代文庫、二〇一一年、所収）。

極限状況という危機のなかで、人間の言葉を信じようとする和合さんに、教育学が考えるべき何かが存在すると直観しました。

和合さんは、直情的な怒りの感情を表現できたことで、すべてははじまっていたように思います。人間はそんなに痛めつけられてはならないものなのだ、という彼の心に宿る深い確信において、それが表現されたのでしょう。そして、和合さんは、被災した人びとと語り合い、人間への信頼という思想を深めていくことができました。

人間の根源的な思想と人間への信頼の思想。教育学はこの二つをしっかり根底に置くものだと思いはじめました。

第3章　「大地への罪」を問いながら

「簡単なことに立ち止まり
簡単には許さない
難しいことを
難しく考え抜く
決意」

（和合亮一『私とあなたここで生まれて』明石書店、二〇一二年）

第一節　貧困と災害の社会的回路――責任をめぐる意識回路の形成

「３・11」後、教育学は何を考えなければならないのか。いま何をこそ大切に思い、教育という問題を考えなければならないのか――突きつめようとしても、とまどうばかりでした。

私は、二〇〇九年の教育科学研究会大会（小田原大会）の基調報告で、ニートやフリーター、派遣労働者の増大という若者に広がる貧困と格差を取り上げました。とくに、若者は、なぜ、貧困の原因を自分の責任に帰してしまうのだろうか、という問題を考えました。貧困からの脱却は、本人の能力とやる気、努力によってのみ可能だという考え方についてです。この自己責任論という「内閉化」してしまう意識傾向を問題にし、若者の心の奥にひそむ自己責任イデオロギーをいかに溶かすのか、これが今日の教育実践の焦眉の課題なのではないのか、と述べたのです（「自己責任イデオロギーを溶かす教育実践」、『教育』二〇〇九年八月号）。

格差と貧困は日本社会の構造的矛盾によって生み出されるのだという社会的回路を探り当て（原因はむしろ社会のほうにこそある！）、内閉化する自己責任意識を溶かして克服し、仲間とともに手を携えて貧困に向きあう力をどのように形成するのか。こうした教育の実践的課題の重要性に触れました。

原因は社会のほうにあるにもかかわらず、貧困を自己責任で処理すべき問題のように見せかけてしまう、反転する意識回路こそが問われなければなりません。私は、この意識は戦後日本の民主主義の成熟の不十分性と関係しているのではないのか、と論じました。

東京大空襲の一九四五年三月一〇日の朝、作家の堀田善衛（当時二七歳）が、天皇が深川を視察したその現場に居合わせ、驚くべき現実に遭遇し強い衝撃を受けたことを、私は紹介しました。衝撃の事実とは、一度に一二万人の死傷者を出した東京の被災民が、被害を訴えるどころか、損害を出した非を詫びて涙を流して天皇に土下座している姿でした。「陛下、私たちの努力が足りませんでしたので、むざむざと焼いてしまいました」。被災の責任はいったい誰にあるのか。責任は、原因をつくったほう（天皇＝国家）にはなく、家を焼かれ身内の多くを殺されてしまった側にある――堀田は驚き、ここには「奇怪な逆転」があると言い、「なぜ、このような逆転が起こりうるのか？」を深く考えなければならないとしました（『方丈記私記』ちくま文庫、一九七一年）。

自己責任意識は、このように戦後日本の民衆の民主主義的思想の不十分性に深くかかわっています。貧困の原因を社会的回路の中に見つめ直す教育実践は、戦後思想の深部に降り立って克服の契機を探る、そうした営みを通してはじめて可能となる、と述べました。

「3・11」後のいま、私は、貧困の社会的回路という問題とともに、もう一つ別の「社会的回路」を問題にしなければならない、との思いにいたりました。それは何でしょうか。

「今回の事故は人災です。人が人の生活を奪っているわけです。最悪の事態。それでも擁護とか再稼働という話はあり得ないと思います」「ここまで人間を追い込んでおいて、正義と誠実はどこへ行ってしまったのか」（佐野眞一・和合亮一『言葉に何ができるのか　3・11を越えて』徳間書店、二〇一二年）。

これは、福島市在住の高校国語科教師で詩人の和合亮一さん（一九六八年生まれ）の発言です。私は、福島第一原発事故によって被害に遭い、いまもなお苦悩と苦しみの底に生きている多くの人々の生活を思うに（二〇一九年三月現在、福島県の避難者は四万一二九九名）、除染事業におけるあらゆる権限を原子炉「もんじゅ」を運営する日本原子力研究開発機構が独占し、今後の除染がまたしても巨大な利権構造（巨額な税金投入）をつくり、さらには、事故の収束の目途も立たないのに政府が原発の再稼働をすすめたり、首相がトップセールスを担って原発の海外輸出を図ったりする現実を見るに、つぎのことが問題の根底にあるのではないのか、と思うようになりました。すなわち、

「罪を犯しているのに、それを感じない。感じることができない。自覚できない」

「取り返しのつかないほどに他者の存在を傷つけ、毀損《きそん》したにもかかわらず、自らの犯した（侵

した）罪を認めることができない」

日本の国家は、取り返しのつかない罪を犯したにもかかわらず、その罪を自覚することができない、根本的な無責任体質をもっています。そして、日本人の多くも、国家の罪と過ちをしっかりと追及し見つめる目を必ずしも十分に持っているともいえません。だから、罪を罪として自覚できるような回路を社会化させなければなりません。国家の罪を糾弾し、その責任を追及する社会的能力の形成や国家による罪の自覚化という社会的回路の形成問題が考えられなければなりません。

私は、「罪の自覚を回避する」というこの問題を、高史明・高橋哲哉『いのちと責任』（大月書店、二〇一二年）によって教えられました。『いのちと責任』の著者たちは、罪（戦争と植民地支配）を自覚できないという問題は、明治以降つくられた日本の国家のしくみや体質にかかわると述べています。直接には米軍によって焼け野原にされたのですが、事の本質から考えれば、日本は自ら大地＝日本列島を焼け野原にしてしまう（＝焦土と化する）ようにしてきたのではなかったでしょうか。日本人は、本当の深さで、その罪を見つめてきたのかどうか。植民地支配という取り返しのつかない罪を犯した日本は、朝鮮半島の人々に向かって、隣人として、政治的に、社会的に、そして倫理的に何が求められるのか、どのような償いが可能なのか、を考えてきたでしょうか。取り返しのつかない罪を犯した、ということを、日本人の多くは全然感じてこなかったのではないでしょうか。福島原発事故の罪は、近代日本の国家の罪につながっている――著者たちはそのように言うのです。

水や食料という生命の根幹にかかわるもの自体を、これほど広範囲にわたってとり返しのつかないほどに汚染させてしまっておいて、いったいどうして、再び、政府は原発再稼働を決定してしまったのでしょうか。反省の色さえ見せない人たちがいます。これだけ大きな代償を支払ったというのに、日本の社会はまったく変われないのでしょうか。その根本原因の一つは、やはり、国家が自らの罪を感じることができないおそるべき回避傾向があるからだ、ということではないでしょうか。

私たちは、いま、罪と責任をめぐる回路の形成という問題の前に立たされています。これは、教育の実践的課題として最重要視されていいのではないでしょうか。この課題は、戦後思想を問う課題に結びつくのであれば、罪と責任をめぐる問題で、戦後教育学がいかなる戦前への総括を踏まえて再出発してきたのかを問う理論問題へと向かうことも求められるでしょう。

大地への罪、それでも希望へ

放射能が混じっているであろう空気を吸って生きなければならない息苦しさを、『教育』二〇一二年八月号で遠藤智恵さんは述べています。空は快晴でも、心が晴れることはない。これは、人間性へのいちじるしい毀損《きそん》の事実の告発です。いのちの根幹にかかわる生活領域で、これから何十年、不安と恐怖のなかで暮らしていかなければならないとしたら、これほどの不条理はありません。これからの子どもたちは、ずっと被曝《ひばく》者でありつづけていく以外にないのか。放射性物質は、はたして健康にどれほどの影響があるのか、ないのか――専門家でも意見が分かれましたが、どちらを信じればよいのかを判断し、考えなければならないということ自体が、本来不自然です。このような不合理な問題を抱えざるをえないところに、人間性への毀損という問題の根源があります（前掲『いのちと責任』）。本来、あろうはずもない、不自然で不合理な問題をかかえて生きていかなければならないというところに立ち上がってくる教育の問題を、今後、私たちは考えていかなければならないのです。

『いのちと責任』の著者たちはこの問題を「大地に対する罪」（ドストエフスキー『罪と罰』）と表現しました。原発事故が犯した大地への罪を、教育への罪と読み替えてみることは可能でしょう。

高い放射能が降って、全村避難指示が出された飯舘村《いいたて》。自立した「までい」（手間ひまを惜しまず）な村づくりをすすめてきた村民は、丹精込めた豊かな土地を捨てることを余儀なくされました。飯舘村は、平成の合併を拒否し、「自立」の道を選択してきた村です。第1章でもふれましたが、そのときの村の協議会で、共通する村民の思いを述べた女性の意見が輝いています。

「合併問題は結婚と同じだと思う。自分の人生を決めることにもなるから。……だから、メリットとデメリットを比較して判断を、といういい方には違和感がある。私は、結婚を損か得かで決めたくない。一緒にやっていける価値観をもっているかどうかで決めたい。

自分は、飯舘村が合併によって周辺化し、今以上に過疎化が進むことが一番心配だ。相手が、俺のところは裕福だから、俺と結婚すれば幸せになれるぞ、という考えなら嫌だ。気候と風土、歴史と文化が異なるもの同士、協力し合って幸せな生活を創っていこうというのでなければ」。

（千葉悦子・松野光伸『飯舘村は負けない』岩波新書、二〇一二年）

自立した「までい」な村づくりは、このような、価値を共有し創造を志す人間の形成に依拠してすすめられてきたのです。この人間の大地への想いと形成の志を台無しにした原発事故を起こした人々の罪は重いといわねばなりません。今は放射線量の高い村ではありますが、また帰りたいと願う村民は少なくありません。これまでの生業《なりわい》やコミュニティの結びつきに、その秘密がかくされているにちがいないと思います。

先に紹介した詩人の和合亮一さんは、「３・11」後、ツイッターで詩を綴りはじめ、『詩の礫《つぶて》』『詩ノ黙礼』『詩の邂逅《かいこう》』などの著作を著し、原発事故がいかに福島の人々の存在を毀損してきたのか、その怒りを発信しつづけてきました（本書第1部第2章など参照）。

二〇一一年五月、和合さんは、母校である福島第三中学校に講演を頼まれました。後輩たち（中学生）の前で、和合さんは、「私の好きな三中の風景、ベストテン」を話しました。たとえば第六位「校庭の銀杏の葉を拾い集めている時」、たとえば第五位「夕暮れに向かって校舎の裏のサイクリングロードを歩く時」、第四位「部活動の帰りに買う、コロッケ」……。会場は共感し、「ウン、ウン」とリアクションが起こりました。そして第一位は「校庭の坂を自転車で下りながら、緑の風を受ける時」。後ろに並んでいる保護者や先生方まで、納得してため息をついたり、にこにこと頷《うなず》いたりしました。

そして和合さんは言いました。「これが、私たちが分かち合っている故郷の風景なのだ」「共に同じ街に生きて、同じ学校に育って、福島に暮らしているということなのだ。必ずここで学んでいる時間が、みなさんの心の故郷そのものになる。それを幸せに思って、大切にして下さい」。最後に、和合さんは詩を朗読しました。「福島を守る／福島を取り戻す／福島に生きる／福島を生きる」。

和合さんは、子どもたちは大地と自然のなかで育つことができ、そして、その記憶がいかに大切なものであり、今後の生きる糧《かて》＝力となるのかを述べています。

「小学校、中学校と私は、学校からの帰り道がいつも楽しみだった。福島市立岡山小学校。小学校から家までの道のりは、とても豊かな自然に恵まれていて、ひと通り遊んでから家にたどりついたものだった。田んぼ、小川、野原、陸橋……」。

「あるいは一人で帰る時も、図書館から借りた本をちらちらと開きながら帰った。座るところを見つけては、青空の下で読みふけっていた。こんな時がこよなく懐かしい。福島の青空を涼しい風が吹いていたものだった」。

「友だちとランドセルからグローブを出して、キャッチボールをしながら帰ったのを覚えている。そのまま公園に行って、三角ベースボール。夕暮れの終わりになるとゲームセット。それぞれの家へ急ぐ。ああわが黄金時代」。

原発は、こうした少年時代のこよなく懐かしい黄金の日々を形づくる機会を失わせてしまいました。その罪は許されるのでしょうか。

「福島の放射線の数値はまったく下がらない。福島に住む子どもたちは、車での送り迎えで通っている子がとても多い。胸いっぱいに深呼吸することのできる、豊かで優しい空気はどこへ行ったか。放射能は今、福島の子どもたちから、帰り道の楽しみを奪っているのだ」。

（和合亮一『ふたたびの春に』祥伝社、二〇一二年）

和合さんは、故郷をかけがえのないものだと考えています。だから、福島にとどまったのです。とどまることで、福島の自然の相貌を探し求めることにもなりました。「故郷とは、誰しも、なまなかなものではないはずだ。不本意に何かが起きてしまうと、それをたやすく『捨てよ』と冷たく言ってのけ、そうしないのが悪いのだと淡々と払いのける。……（ここに）私たちの国の根本感情の恐ろしさ」がある（和合亮一『ふるさとをあきらめない　フクシマ、25人の証言』新潮社、二〇一二年）。ふるさとをあきらめず福島にとどまらざるをえなかった和合さんだからこそ、原発がもたらした大地への罪の深さを子どもたちに伝えることができたのだと考えたいと思います。

「大地への罪」は、福島県民に、不要な対立を起こさせました。やむをえず福島を出ていく人を

「裏切り者」とののしったり、残る人を「自分の子どもも守れない愚か者」と攻撃したり。福島産の食べ物を食べる、食べない、つくる・つくらないでも対立が生まれました（たくきよしみつ『3・11後を生きるきみたちへ』岩波ジュニア新書、二〇一二年）。学校では、被曝について不安をもつ親を「敏感すぎる人」「神経質な人」「うるさい人」と呼び、排除する動きもあるといいます。

だからこそ、和合さんは述べるのです。被災地でなすべきことは、誰かが話をして誰かが話を聞くという関係性をもっと強固なものにしていき、被災地の内側から真実を発信するような思想をつくることではないか。心に響く言葉は被災して苦しんでいる人たちのなかから出てくる、と（前掲『言葉に何ができるのか』）。

福島の二本松市在住で、有機農業ネットワーク代表の菅野正寿《すげのせいじ》さん（一九五八年生まれ）は、『放射能に克つ農の営み』（コモンズ、二〇一二年）を著しました。菅野さんの長女は就農して二年目に、原発と放射能に向きあう決意を固めました。「目の前の生産者だけにとらわれず、直接消費者との顔の見える交流やイベントを通して人と繋がる農業を切り開いていくのが私のめざすもの」（ブログより）。

絶望の果てにも、人間が人間らしく生きようとすることをやめない姿を、福島の人々に見ることができます。私は、最近知ったつぎの言葉を思います。「文学が被災者に希望を与えるのではなく、被災者が希望であることを教えるのが文学である」（外岡秀俊『震災と原発　国家の過ち　文学で読み解く「3・11」』朝日新書、二〇一二年）。私は、福島の人々に学びながら、この「文学」を「教育学」に置き替えてみることができないものかどうか、を考えていきたいと思います。
最後に、罪の自覚からはじまるであろう復興の教育学について、記しておきたいと思います。

第二節　罪の自覚と戦後教育学――勝田守一を読み直す

「3・11」後を生きる思想にとって決定的な問題は、国家と人間の罪を自覚できるかどうか、にありました。では、私が所属する教育科学研究会（教科研）の戦後教育学は戦争の罪をどこまで自覚していたでしょうか。戦後教科研は、復興の教育学を名のるにふさわしい出発をしていたのかどうかです。

ここでは、『教育』の初代編集長で、教科研初代委員長であった勝田守一（一九〇八～一九六九年）の、戦後初期の論文一点（「人間の現実的自由――シェリングの言葉を借りて」一九四七年、『勝田守一著作集　第七巻』国土社、一九七四年、所収）を取りあげたいと思います。この論文は、しかし、人間と戦争の罪を問おうとした注目すべき論文でした。

勝田は、一九四七年、人間における悪の出現の執拗《しつよう》な根深さを人間存在の根拠のうちに暴き出そうとしたシェリングの『人間的自由の本質』（一八〇九年）を考察しました。ドイツ・ロマン派の哲学者シェリングは勝田の卒論以来（一九三二年）の研究対象でしたが、敗戦後のこのとき、勝田はシェリングの「人間の悪」の考察に真正面から挑みました。一九三六年、勝田は、シェリングの生涯と哲学の全体を描く『シェリング』（弘文堂）を著していますが、このとき「人間の悪」へのこだわりの記述は弱いものでした。戦争の惨禍という体験こそが、勝田に「人間の悪」へのこだわりを生じさせたのです。

人間性にたいして信頼と不信との岐路に立っている——こう述べた勝田は、戦後、どうしても自らの「再生の姿」を見いだしたかったのです。勝田は、「人間の悪」の根拠をつきとめることで、「失われた人間性への信頼を恢復《かいふく》しようとする希望」を確かなものにしようとしました。「自己のうちに悪への材料をも力をももたない者は善に対しても無能である」というシェリングの言葉を手がかりにして、「非人間性はわれわれの中にある。非人間性の肯定とそれとの戦いの中においてのみ人間性は己を実現するであろう」と述べました。この「非人間性の肯定とそれとの戦い」とは具体的にどういうことでしょうか。

戦争はほとんど抗《あらが》いえないような力をもって推しすすめられました。にもかかわらず、人間はなぜ、このような結果に苦悩を感じるのだろうか、と勝田は考えました。シェリングの「人間の悪の行為」の考察に学び、勝田はつぎのことを発見していきました。われわれ人間は自らを「卑怯なものとして行為する姿を想像しうる」。人間は「寛容な心が罪ある人をたとい許しても、その罪自身が消え去ったとは信じない」。どのような必然性における行為であっても、なおほかの別の行為をなしえたと思うのが人間である。そして、「われわれは、不正な行為を自己の落ち度として、意識することを止めないであろうし、そこにしかわれわれの行為の変化、さらにいえば人間の変化の萌《きざ》しはないだろう」。

戦争と国家に抗しえなかった（加担した）結果としての自らの行為は、なにゆえに深い屈辱を覚えるのか。勝田は、シェリングの「自由と悪」の哲学に学び、その根拠を知ったのです。そして、人間性への変化の萌しが、まさにそのようにして生まれることを確信しました。

勝田の教育学は、人間の罪の自覚を深める可能性をもっていただろうと思います。戦後教育学に、国家と人間の罪への自覚を考える契機はあったのです。それはどこまで深められ、つぎに続く世代が、どのように深めようとしたのか。国家と人間の大地への罪を贖《あがな》うために、そして、被災者が希望であることを説くために、勝田守一をはじめとする戦後教育学における「国家と人間の罪の自覚」を検討していきたいものです。

第4章　災禍と向きあう「老い」

第一節　老いることの意味

老人と子どもをテーマにして、何か考えられないだろうか――こんな思いにさせてくれたのが天野正子さんの『〈老いがい〉の時代――日本映画に読む』（岩波新書、二〇一四年）です。広島から東京の大学に出てきて（一九五七年）、映画館に通いつめ、映画が大好きになったという著者が、六四本の日本映画から読み解く「老いがい」論です。

老いを考えるとは、人間を問うことであり、子ども時代とは何かを深めさせてくれます。この本には、さまざまに、教育の思想と言葉が散りばめられています。『ペコロスの母に会いに行く』（森崎東監督、二〇一三年）は「ボケるとも悪かことばかりじゃなかかも」を問うといいます。天野さんは笑いを誘うこの映画に「ユーモアとは状況に打ちのめされないために、人間という存在に備わっているある種の生命力なのだ」と添えます。沖縄の小さな島を舞台に、六〇年前の恋を成就した「おばあ」と周りの人びとの深い心の交流を描いた『ナビィの恋』（中江裕司監督、一九九九年）では、残された時間を生ききりたいという老いに、「加齢は人をより自由に、よりラディカルにする」を読み込みます。

老いや老年をめぐるイメージが画一化し固定化した社会では、子どもらしさや若者らしさに関わるイメージも固定化する、と天野さんは言います。生きる営みの全体を老いという視点から見直すことは、幼年から若者、そして中年までのライフコースのすべてを問い直すことにつながるでしょう。かつて鈴木聡は、子ども世代・おとな世代・老人世代という三世代関係における危機的な問題状況を提起していました（「世代継承サイクルの異変」、『世代サイクルと学校文化』日本エディタースクール出版部、二〇〇二年）。暮らしのなかで形成される老人と子どもの関係は、子どもには自分の身体にも老いや死の種が避けがたい形で宿っていることを、老人には長年の経験の蓄積が無駄ではなかったことを、伝えるはずです。老人との触れ合いで深まる、子どもの人生の奥行きを大切にできないでしょうか。日本映画はそれを教えるというのです。

では、私は「老い」の問題をどう深めたいのでしょうか。私が天野さんの本で最も印象に残ったのは、「昭和」を生きて老いた人びとを扱った最終章です。自分の身体と精神に刻まれた「昭和」。老いは自分の歴史であり、また、戦後日本の歴史でもあったのです。長い戦争の傷跡、おびただしい死者の数々。アイデンティティを引き裂かれた境界線上を生きた人々（「従軍慰安婦」、中国残留婦人、未帰還兵など）。日本映画はそれを問いかけます。

天野さんは出身の広島・被爆者を取り上げます。「父と暮せば」（黒木和雄監督、二〇〇四年）は、井上ひさしの同名の戯曲（初演、一九九四年）の映画化です。原爆投下から三年後のヒロシマ、父・竹造と娘・美津江の二人芝居。自分だけが生き残った負い目を抱き、幸せをあきらめて生きる美津江。娘の幸せを祈って亡霊となって現れる竹造。「うちはおとったんを地獄よりひどい火の海に置き去りにして逃げた、こすったれなんじゃ。さよな人間に幸せになる資格はないんよ」。頑《かたく》なに拒み続ける美津江。被爆者がどのような思いでその後の生を刻み、老いの日々を生きてきたのかを読みとれる作品でした。

被爆者の手記や体験の伝承には、心の内奥に封印してきた被爆体験を語り継がねばならないという思いが隠されています。死んだ「あの人」に対して、自分だけが生き残った事実と生き残った者の「罪意識」と、死者が表現できなかった「無念さ」を伝えなければという思いが張りついています。被爆者たちが重い口を開き始めたのは、加齢と深くかかわっている、と天野さんは言います。

「生きていて、楽しいことは何ですか」と被爆体験をたずねる中学生の問いに、「あなたたちと出会って、私の体験を伝えること、あなたが受けとめてくれること」と被爆者は答えます（天野正子『老いへのまなざし』平凡社ライブラリー、二〇〇六年）。老いとは、こうした時代と社会の悲劇に向きあうことでもあります。私は、こうした老いに大切な教育的意義があるのだと感じました。この点に、もう少し、こだわってみたいと思います。

第二節　ヒロシマと水俣の老いが生み出した言葉

死者によって生かされる

井上ひさしの戯曲のなかで、テーマの明瞭さとモチーフの深さにおいて、最も人気の高い傑作の一つ。私は、『父と暮せば』（新潮文庫、一九九八年）を読み、被爆者の語りには、死者に生かされ支えられてきた老いがあるのだ、ということを感じます。

竹造が、図書館勤務の美津江が演じるエプロン劇場（ポケットのついたエプロンを着て、ポケットから人形をとり出して子どもたちの前で劇を演じる）を想定して、「ヒロシマの一寸法師」を語ってみせる場面。ヒロシマの一寸法師は、赤鬼のおなかに入るが、針の刀ではなく、原爆瓦やガラスの破片を掲げるところが違います。竹造はしだいに激して叫びます。

「やい、鬼。おんどれの耳くそだらけの穴かっぽじってよう聞かんかい。わしが持っとるんはヒロシマの原爆瓦じゃ。あの日、あの朝、広島の上空五百八十メートルのところで原子爆弾ちゅうもんが爆発しよったのは知っちょろうが。爆発から一秒あとの火の玉の温度は摂氏一万二千度じゃ。やい、一万二千度ちゅうのがどげえ温度かわかっとんのか。あの太陽の表面温度が六千度じゃけえ、あのとき、ヒロシマの上空五百八十メートルのところに、太陽が、ペカー、ペカー、二つ浮いとったわけじゃ。頭のすぐ上に太陽が二つ、一秒から二秒のあいだ並んで出よったけえ、地面の上のものは人間も鳥も虫も魚も建物も石灯籠《いしどーろ》も一瞬のうちに溶けてしもうた。根こそぎ火泡を吹いて溶けてしもうた。屋根の瓦も溶けてしもうた……」

ガラスの破片を出して掲げながら、

「やい、鬼。これは人間の身体《からだ》に突き刺さっとったガラスの破片ぞ。あの爆風がヒロシマ中のありとあらゆる窓ガラスを木っ端微塵《こばみじん》に吹ッ飛ばし、人間の身体を、(涙声になっている)針ネズミのようにしくさったんじゃ……。」

竹造は、無数の被爆死者を代表して叫んでいるのです。恐怖と悲しみと無力感と怒りが限りなく炸裂します。ヒロシマの死者は、押し黙ったままの死者でありつづけることはできません。ヒロシマでは死者こそ語り、生きつづけねばならないのです(高橋敏夫『井上ひさし　希望としての笑い』角川SSC新書、二〇一〇年)。誰かが、死者の声を語らなければならないのです。釘づけのシーンでした。

終盤近く、竹造が言い残すことば。

「竹造　わしの一等《えっとー》おしまいのことばがおまいに聞こえとったんじゃろうか。『わしの分まで生きてちょんだいよォー』

美津江　（強く頷《うなず》く）

竹造　そいじゃけえ、おまいはわしによって生かされとる。

美津江　生かされとる？

竹造　ほいじゃが。あよなむごい別れがまこと何万もあったちゅうことを覚えてもろうために生かされとるんじゃ。おまいの勤めとる図書館もそよなことを伝えるところじゃないんか。

美津江　え……？

竹造　人間のかなしいかったこと、たのしいかったこと、それを伝えるんがおまいの仕事じゃろうが。」

死者によって生き残してもらえた生者は、それに応えなければなりません。よりよく生きるために。被爆者の老いの語りは、これからの若い生者に静かに伝わっていくでしょう。

豊饒な命たちの記憶――「水俣病の証言」より

ヒロシマの老いを思うと、では、水俣の場合はどう考えられるでしょうか。いま、手元に、栗原彬編『証言　水俣病』（岩波新書、二〇〇〇年）があります。一九九六年の東京における、一〇人の水俣病患者による講演集です。

水俣病者は、戦後のほとんどを通じて、身体と生命への加害に加えて、社会からの構造的で重層的な差別と排除にさらされてきました。最大の受苦は、差別され、侮辱されてきたことだったでしょう。人間として相対してくれという患者の悲痛な問いかけに、加害企業のチッソも告発された国家と熊本県の行政もついにまともに答えなかったのです。『証言　水俣病』を読めばそれがわかります。

証言者のお名前と当時の年齢を記してみましょう。下田綾子さん（五二歳）は水俣病体験を話すのはこれが初めてでした。以下、荒木洋子さん（六三歳）、荒木俊二さん（六五歳）、大村トミエさん（六三歳）、川本輝夫さん（六五歳）、佐々木清登さん（六七歳）、杉本栄子さん（五八歳）、仲村妙子さん（五七歳）、木下レイ子さん（六二歳）、緒方正人さん（四三歳）です。

自らのつらい体験を進んで話す患者はもとより少ないのです。また、高齢が重なり、病状が悪化するなど、証言の条件は困難であったでしょう。そうした状況を考えて、私は思うのです。なぜ、水俣病者は、みずからの存在そのものを矜持《きょうじ》をもって取り戻すたたかいに参加し、生き抜いてこられたのか、を。

おそらくそれは、彼らが語る記憶のなかの風景に秘密が隠されているのではないでしょうか。黄金色に燃える記憶のなかの風景は、海にみちあふれる豊饒《ほうじょう》な生命たちとともに生きる生き方をひそめていました。海に生かされてきた漁民の魂。人間を含めて命が寄り集う豊饒な海。魂が湧き返ってくる水際。豊かで美しい海さえあれば、自然に寄りそうようにして日々の生を享受できた人びとのくらしがありました（同書「序章　死者と未生の者のほとりから」参照）。つつましいが、張りのある生活の記憶。患者らは、この「かつての幸福だった記憶」を呼び戻して、たたかっていたのではなかったでしょうか。加齢とともに記憶は深く呼び戻され、現在を生き抜く証言を成していきます。

お一人だけ紹介したいと思います。杉本栄子さん（一九三八～二〇〇八年）。水俣病裁判の原告。一九七三年勝訴で、七四年に認定。八〇年に、地元で反農薬水俣袋地区生産者連合結成、その後漁業再開。その杉本さんはこう述べます。

「本当につらかった水俣病でしたけれども、水俣病のおかげで私は、人としての生活が取り戻せたように思いました」。

これは、どれほどの苦難からしぼりだされた、深く重い言葉（思想）でしょうか。長い長い抗議運動を続けてきた杉本さん。日々に続く身体のしびれや痛みに加えて、偏見と差別が苦痛をさらに増幅させたでしょう。

杉本さんは、母親が他の人より早く病気にかかったためいじめられたけれども、そのためにいじめる側に立たされずにすんだと述べています。そして、父親がいう「網元の親方は人を好きにならんば一人前にはならんぞ」という教えを守れたのも、いじめる側に立たされなかったことと結びつけて考えています。

現代社会の支配的な価値観である経済効率主義と物質主義とはまったく異質な、人間的な思想の存在を杉本さんに見ることができます。かつて、父親とともに漁に出て、自然とのつきあいで培われた「人間を好きになる」という記憶と思想の呼び戻し。水俣病の老いの証言もまた衰弱した老いの姿とは違う、何か、次世代に残したい使命を宿すような老いの姿勢が感じられました。老いてこそ豊かな人間に蘇《よみがえ》りたいという意思の宿り。災禍と向きあう老いはいかに形成されてきたのか。水俣病患者の語りには大切な問いが隠されているのだと思います。

第5章　過酷な状況下で現実と向きあう人間の形成

二〇一五年八月、教科研（教育科学研究会）全国大会（松本）の「おわりの集い」で、私は次の三つの事例を通して、現実に向きあい体験を語る人間と教育の意義を考えることにしよう、と問題を提起しました。三つとは、満蒙開拓青少年義勇軍と水俣病事件と福島原発災害です。

過酷な社会状況におかれた人々は、いったいどのようにして現実と向きあい、生きる希望を生み出していくのでしょうか。災禍と苦悩の現場における人間と教育の可能性を考えてみたいと思います。義勇軍と水俣病と原発事故という近代日本における際だった過酷な実例は、戦後七〇年の日本社会のあり方に対する根本的問い直しを求めており、私たちがどう生きてきたのかを考えざるをえないものでしょう。

声高に国家的な規模で、現・安倍晋三政権は「戦後」の消去を進めようとしています。戦後の民主主義と教育を無化する政治に対抗するためにも、三事例から教訓を引き出すことは大切です。この三つは、現実と向きあい体験を語ることがいかに教育にとって大切な課題であり、そしてこれまでにない「対抗の思想としての民主主義」を成していくものであるのか、を教えてくれるでしょう。

満蒙開拓青少年義勇軍と教師

　二〇一五年、教科研の三月集会（松本市）における長野歴史教育者協議会の原英章さんの「戦前の長野県の教育と満蒙開拓青少年義勇軍」報告は、問題の重要性をあらためて考えさせられました（『教育』二〇一五年八月号、原英章論文）。私は、青少年義勇軍を専門に調べていませんが、上笙一《かみしょういち》郎《ろう》『満蒙開拓青少年義勇軍』（中公新書、一九七三年）、白取道博『満蒙開拓青少年義勇軍史研究』（北海道大学出版会、二〇〇八年）、長野歴教協編『満蒙開拓青少年義勇軍と信濃教育会』（大月書店、二〇〇〇年）には目を通しており、関心は少なからずもっていました。

　青少年義勇軍とは、中国東北部（「満州」）を入植地として日本政府が実施した移民の一形態です。数え年一六歳から一九歳の青少年を対象に、一九三八年から四五年にかけて全国で公募され、送り出されました。内原訓練所（茨城県内原、加藤完治所長）で二～三カ月の訓練を受け、「満州」に散在する「義勇隊訓練所」で三年間訓練したのち、三〇〇名の中隊に編成され入植していったのです。総数八万六〇〇〇人の青少年が送り出されました。長野県は六九三九人（長野歴教協調べ）を送り出しており、その数は日本一です。

　この問題の第一は、約三割の二万四〇〇〇人が犠牲になったことにあります。戦争に巻き込まれ、故国への帰路の途中、病死・餓死・戦死・凍死・自死という悲劇が起きました。第二に、義勇軍は、もともとその土地に住んでいた中国人の耕地を奪い、暴行も行ったということです。中国人への侵略と加害が指摘できます。義勇軍は、日本国家によって加害者に仕立て上げられた被害者であったともいえます。これをどう考えるのかが問われてきました。

もう一つ個人的に気になることとして、内原訓練所の所長・加藤完治についてがあります。上笙一郎は、加藤完治は義勇軍を創設し、多くの青少年を悲惨な運命に導いたにもかかわらず、戦後ほとんど何らの責任も感じていなかったと指摘しています。自らの行動によって起きた客観的事実に対して何の責任もとっていないのです。明らかな事実として他人に不利益を与えれば、その責任を追及する。それは人間社会における責任の基本だろう、と上は述べていました（一八五頁）。私はこの指摘が心から離れませんでした。

原さんの話を聞きながら私は、送り出した教師（多くは国民学校高等科の教師）の責任をとくに考えました。義勇軍に応じた子どもたちの八割は、教師の勧めがあったからというのです。逆に、反対した者の多くは母親でした。教師の勧誘を拒みきれず、多くの子どもたちは「満州」に向かったのです。これは強い国家の意思（＝国策の遂行）に教師が従ったためです。

送り出した教師は何を考えていたのでしょうか？　戦後、これはどのように問い直されてきたのでしょうか。先述の研究によって、義勇軍の全体像がかなり明らかになってきたとはいえ、この疑問は残されたままなのだと原報告によって気づかされました。

私は、義勇軍を送り出した教師として語る三澤豊さんを知りました。一九二二年生まれ、一九四〇年に青年学校に勤務し、四三年に入隊し「満州」に派遣されました。一九四六年に復員し、いったんは学校を退きましたが、四七年に復職し、八五年伊那市の小学校を退職しました。

二〇一二年、三澤さんは青年学校勤務のとき、ある一人の子どもを義勇軍に送り出した事実を語っています。その子は親と一緒に一家あげて「満州」に渡りましたが、本人と両親は亡くなり、戻った姉弟に「お兄さんが満州に行こうとしなければ、私たちはこんな不幸にならなかった」と聞かされたのです。取り返しのつかない自分の罪を感じ、このシンポジウムの会場に来たと述べていました。三澤さんは、二〇一二年に放映されたNHK番組「満蒙開拓青少年義勇軍」を見て、その実態と本質を知り、認識が足りなかったと述べ、「僕はぽかっとしていたな」と話しています（『「満州へ行く」とは』長野県歴史教育者協議会編、第二回「満蒙開拓青少年義勇軍」シンポジウム記録集、二〇一二年）。

三澤さんの義勇軍についての公の語りは退職後のことでした。最もはっきりした発言は、二〇〇〇年発行の『満蒙開拓青少年義勇軍と信濃教育会』に載せた手記ではないでしょうか。三澤さんが先の少年を自ら説得する場面がそこに記されています。国民学校高等科にいる少年が、ある冬の日の夕食後に三澤さん宅を訪ねてきました。義勇軍に応募しろと高等科の担任に言われ、病気の親は賛成せず、百姓仕事は自分がいないと大変であって、応募できない胸の内を話しにきたその少年に、三澤さんは次のように言ったといいます。

「満州は日本の生命線だ。大和民族の発展を考えたら、君らのような若者がこの重責を担わなくてどうする！　今の農村は行き詰まっている。農村更生のためにも君らが新天地に雄飛する以外にない。今、満州ではあの広大な沃野が君たちを求めて待っている。
私は得々としゃべった。その子はすごすごと帰って行った。私は、自分のことばに言い知れない興奮を覚え、充実した夜のような錯覚に酔いしれて眠った。」（一一〇～一一一頁）

説得の場面がくっきりと浮かびました。罪はこのように顧みられて、反省が行われたのでしょう。三澤さんは、復員後すぐ、元の青年学校の校庭で、戦争から戻った教え子らに、「三澤はオレたちと同じように戦争に行ったから、許す。だけど、何だ！『戦争に行け』とあれほど言ってオレたちを無理やり兵隊に行かせておいて、帰ってきたら、『あの戦争は間違いだった。』と言ってやがる。死んだ者はどうするんだっ！』」と言われました。三澤さんは教壇をいったん離れましたが、再び復職する時悩みぬき、「再び、過ちは繰り返さない」との決意を秘めたと言います。こうした経緯が三澤さんにはありました。しかし、その三澤さんでも義勇軍を語るには時間がかかったのです。

なぜ、長野県は義勇軍送出が盛んであったのでしょうか。送り出した教師の考えはどんなふうであったのでしょうか。満蒙開拓青少年義勇軍の送出の本質を見きわめるには、送出に大きな役割を担った教師の問題を考えざるを得なくなります。教師はいったいどのような考えで子どもたちを送り出したのか、そこに逡巡はなかったのか、そして戦後、それをどのように思い反省してきたのか。そういう歴史の現実に向き合う厳しさが求められるのだと思います。残されたこの問いは、現代における民主主義とモラルの核心に迫ることになるのだろうと考えます。

福島原発災害と学校・子ども

二〇一五年は、「3・11」福島原発事故から五年目でした。避難者は当時一二万人、福島の復興の兆しを探るのは容易ではありません。そのようなとき、教育に何が期待されるでしょうか。

二〇一四年の秋、私は同年四月に避難指示が解除された地域（原発二〇キロ圏）の学校を訪問しました。地元で再開された学校、田村市立都路《みやこじ》小学校（児童数六六名、教職員数一四名）です。現状は、子どもたちの半数はまだ自宅に戻れず、避難先の仮設住宅からスクールバスで通っている再開でした。学校と子どもたちの様子は、第10章第二節「原発事故の中での学校と教育」で触れています。

その半年の後、根内喜代重校長先生より『学校再開の軌跡――未来への礎に』（二〇一五年三月）が届きました。カラー写真が豊富な一三七頁の記録集。子どもたちが「東日本大震災の経験と教訓を生かし、自らの生き方をしっかり考える」ことを願ってつくられたものです。

これを読むと元の学校での再開を地域の人々が心待ちにしていたことがわかります。郷土料理で歓迎し、惜しみない協力がありました。また、子どもたちは、元の学校に戻れたうれしさを率直に書きつづっています。地域に支えられた学校の様子が伝わってきます。

私は、ある教師の「この三年間、ふるさとへ帰りたくても帰れなかった子どもたちは、どれだけのがまんや悲しさを秘めてきたのでしょう」（一〇六頁）と子どもたちを思いやる文章に目がとまりました。子どもたちは、おとなと同じように、震災に真正面から向きあってきたはずです。癒《い》やせぬ痛みや傷を抱えて帰ってきた子どもたちも少なくないのではないでしょうか。子どもたちの震災体験の語りをしっかりと聴いて受けとめること。私は、この記録集を読んでますますこうした実践の可能性を考えたくなりました。困難な課題であると知りつつも、その意義を考えたいと思うのです。

私は、つらい経験を言葉にかえる意義を説く福島在住の二人の詩人を思います。和合亮一さん（一九六八年生まれ、高校の国語教師）は、「3・11」直後、『詩の礫《つぶて》』（徳間書店、二〇一一年）など詩集三冊を著しました。「放射能が降っています。静かな夜です」「ここまで私たちを痛めつける意味はあるのでしょうか」は、いまでも私の心に残っています。和合さんは、それまでの自分の詩とは違う飛躍が起きたと述べ、おおよそ以下のように表現しています。

〝言葉を書くというのは、そもそもが積極的な行為である。地震があり、原発が爆発し、みんなが避難し、そんな絶望の状況のなかでも何かを書くということ。そのときには自分の気持ちの中の芯のようなものが燃えていた。言葉が私に強さを与えてくれた〟。（和合亮一『和合亮一が語る福島』かもがわ出版、二〇一五年、二六頁）

言葉で体験を語れば人は耐えられます。前を向けるのです。和合さんは、そう言っています。二〇一五年、「現実は沈黙している」と和合さんは言いました。「現実が沈黙しているところに詩人が沈黙してどうする」「人類史上最悪のことが起きて現実が沈黙している」「沈黙せざるを得ないようなものに対して、われわれが沈黙せずにどう語っていくことができるのか」（同前四三～四四頁）。和合さんは子どもの詩を手がかりに、答えを出そうとします。

「今日はうちに帰ってすぐにお母さんにまた同じ質問をされた。今日は土触ってこなかった？葉っぱ触ってこなかった？　って。聞かれて思い出す。あ、触ってきた。お母さんに言うとすごく叱られる。どうして叱られるのか、放射線のせいだから仕方ないけど。」

この詩におとなはどうこたえるのか。和合さんは問いかけます。次は、五年生の詩。

「自分の今抱えている問題はあまりにも大きすぎる。お父さんとお母さんの時代では解決できないと思う。自分が大人になっても解決できないと思う。自分の子どもでも解決できないと思う。だったら、孫やひ孫にそれを伝えたい。そのために自分は今、一生懸命に勉強したい。」

いまだからこそ学ぶ大切さに子どもは気づいているのです。奪われてしまったものを取り戻すことがいかに困難かわかっているからこそ、学ぶ姿勢を失ってはいけない――和合さんは子どもに教えられて言います。

「子ども、孫、その先の子孫の時代で取り戻すことができるのであれば、少なくともその約束が、たとえばそれが政治の分野でもいい、教育の方面でも、科学の世界でも、どこからでもいいんです。とにかく一〇〇年後あなたたちの故郷を取り戻すことができるというひとことがあれば、私たちは頑張れるんだと思うようになりました。」（同前四五～四六頁）

言葉（＝詩）による体験の響き合いによって、未来への希望は開かれていくと詩人は考えているのです。子どもの詩に期待を込めて。

もう一人の詩人、若松丈太郎さんは、一九三五年生まれ。一九六二年から南相馬市に定住し、高校の国語教師を三四年間勤めました。一九七一年、福島原発が稼働してから、原発の危険性と原発に取り込まれていく地元住民の苦悩を、評論と詩で警告・告発し続けてきました。著書に、『福島核災棄民』（コールサック社、二〇一二年）、『詩集　わが大地よ、ああ』（土曜美術社出版販売、二〇一四年）があります。若松さんは、福島の地元の人々には「奇妙な居心地の悪さ」が二つ存在しているとし、現実を告発します。

「電気、水道、ガス、ガソリンも支障なく使え、新聞、郵便物、荷物も配達されているのに、作物をつくれない、家畜を飼えない、漁ができないだけでなく、流出した企業、閉鎖した工場、休業している病院や商店が数多くあります。」「奇妙な居心地のわるさを感じつつ、こんななかで暮らしています。」（『福島核災棄民』、一三五頁）

「だが、福島を離れてみると、——五月末に東京へ行ってきたのですが、——そこには原発事故はすでに過去のことでもあるかのような都民の暮らしがあって、別の居心地のわるさを感じました。二つの居心地のわるい世界が平行して同時進行している」（同前、一三六頁）。

これは何かの始まりなのか、終わりなのか。文学はそれを見届けたいと若松さんは言います。

若松さんは、子どもの声にじっと耳を傾けます。二〇一二年二月の南相馬市原町区の対話集会の会場で、子どもたちが書いた「いま知りたいこと」。

「ほうしゃせんを気にしないで外で遊べるのはいつですか?／じいちゃんちのすいかをたべてい

いですか／30キロ以内に子どもがいていいの？／将来、子供が産めますか？／今度、津波や地震がきても大丈夫なの？／東電と保安院がついたウソの数」（同前、九三頁）

表現することによってこそ「3・11」以後を生きる力は得られる、と詩人は思うのです。詩人は「戦後民主主義について」を書きました。原発事故の原因者は告発されなければならず、戦後日本の民主主義の脆弱《ぜいじゃく》さが真剣に考えられねばなりません、と。

「原因者たちの犯罪には、過失致死罪にとどまらない重大な『人道に対する罪』『人類に対する罪』というべきものが認められると、わたしは判断します。戦争責任を徹底して追及しなかった結果としての現在があると考えるわたしは、将来に禍根を残さないために、〈核災〉の原因者たちの犯罪を明らかにしなければならないと思ってます。」（同前、一二七頁）

「3・11」前を「3・11」後も維持しようとする巨大な勢力に対する文学（＝言葉）のたたかいを、詩人は子どもたちに約束しています。

水俣病事件と人間の可能性

「3・11」以後、私は、福島とともに水俣病の地にも足を運ぶようになり、災禍における人間と教育の可能性を考えてきました。二〇一五年三月にお会いすることができた緒方正実さんのことを記してみたいと思います。

緒方正実さんは「苦しいでき事や悲しいでき事の中には、幸せにつながっているでき事がたくさん含まれている。それに気づくには条件がある。それはでき事に正面から向きあうことである」と述べています。これは、熊本県行政との自らの水俣病認定をめぐる一〇年に及ぶたたかいで獲得した言葉でした。

私は正実さんの叔父にあたる正人さんの言葉を思います（緒方正人さんについては第Ⅱ部の第11章第二節「水俣病が生んだ思想」で触れます）。「それぞれの被害者は、自分の内側で殺意と闘い、自死への衝動と闘い、そういう恐怖感との闘いを経ている」。多くの患者はチッソと行政への殺意と自死への衝動を少なからず共有しているのではないでしょうか。緒方正実さんも同じような歩みを経て、これを越えて、水俣病と行政の理不尽に正面から向きあうことができました。なぜ、それが可能だったのか。緒方さんの歩みを考えてみたいと思います。

緒方正実さんは一九五七年、熊本県芦北町女島の網元の家に生まれました。一九五九年に同居の祖父・緒方福松さんが急性劇症型水俣病で死亡しました。妹が生まれましたが胎児性水俣病と判明しました。三歳のときに毛髪水銀検査に応じました。後に水銀値二二六ｐｐｍ（一般の人は三ｐｐｍ）と判明しました。五歳のときには、頭痛、目まい、よだれ、カラス曲がり（こむら返り）の症状が出て、毎日通院しました。一九九七年、三八歳のとき、はじめて水俣病患者としての認定を熊本県に申請しました。しかし、申請は棄却処分となりました。行政不服審査を請求するが棄却されました。棄却処分は計四回。二〇〇六年になって、棄却取消の逆転裁決を得ました。二〇〇七年に認定。申請一〇年後、二二六六番目の水俣病患者に認定されました。

二〇〇九年、一〇年間のたたかいの記録『孤闘――正直に生きる』（創想舎）を出版しました。熊本県行政とのたたかいで残された厖大《ぼうだい》な文書（異議申し立てと質問状、審査速記録や講演記録、など）の集成で五八三頁です。二〇一三年、水俣病資料館における「語り部の会」会長に就任しました。私ははじめて水俣を訪れた際、緒方さんの話を小学校の子どもたちと一緒に聴いています。

『孤闘』を読むと、緒方さんの熊本県行政への怒りがまっすぐに伝わってきます。誰が見ても水俣病特有の症状とわかり、しかも毛髪水銀値が二二六ｐｐｍという動かしがたい証拠があったにもかかわらず、未認定処分が下されたのです。この不条理への怒りは当然でした。熊本県知事への質問状や異議申し立ては、率直な怒りの肉声に満ちていました。

同時に感じるのは、孤闘という表現に端的な、ひとりのたたかいを大切にする緒方さんの思想です。支援や相談はもちろんありましたが、行政という大組織に向きあうためには、ひとりでたたかいぬけるだけの怒り（への自覚）はやはり不可欠であったといえます。さらに、ひとりの自覚は、湧き上がる人間としての気持ちと感情を大切にして行政組織に向きあうことを可能とさせ、行政側に対しても、システムを離れてひとりの人間として申請者に相対してくれという要求を突きつけていきました。緒方さんは、机を挟んだ行政側に、「ひとりの人間として感想を聞かせてほしい」と訴えました。対話形式のたたかいが生み出されたのです。

人間の感情を底にすえた対話というたたかいは、行政に理不尽さを自覚させ、水俣病患者を見下す行政側に座る人間に謝罪させる力となりました。たとえば、熊本県行政は認定作業のために緒方さんの小中学校の成績証明書を無断使用しました。緒方さんの水俣病発症は幼児期であり、なぜ小中学校の成績証明書が必要なのか。それで何がわかるのか。回答はありませんでした。「確かに緒方さんは成績はよくありませんね」「だけど、昔は田舎の人にはクラスに一人、二人は緒方さんみたいに成績の悪い人がいましたもんね。だから不思議じゃありませんよ」と対策課課長は言ったそうです。緒方さんの抗議を受け、熊本県行政は、反省し、個人のプライバシーに配慮し、成績証明書の使用をやめる方針を決めました。

水俣病疫学調査における「ブラブラ記載」という差別的な用語の問題があります。緒方さんは、調査書に水俣病で定職につけない親族らを「無職」と記載しました。ところが、県の調査書の職業欄では「ブラブラ」と書き換えられていたのです。ブラブラと仕事もせず暮らしている、という見下しの表現でした。この「ブラブラ記載」は一九七六年頃から恒常的に三〇年間にわたって行われてきました。関係書類二万五一九一件中、実に九二四一件に同様の記載があったといいます。緒方さんの抗議を受け、潮谷熊本県知事はすみやかに謝罪しました。

チッソが流した水銀によって身体と生活を破壊され、さらに、熊本県の行政によって、辱めを受ける二重三重の差別でした。緒方さんは、ひとりの人間としてそれを許さず、行政側に謝罪という人間の証《あかし》をとらせたのです。

緒方さんははじめから確信があったわけではありません。行政不服審査のたたかいが五年ほど経って、緒方さんに変化が現れてきたといいます。自分の訴えや伝え方に力不足があったために、申請が棄却されてきたかもしれない。何が大切か、伝える核心は何か、と緒方さんは考えました。そして、三〇一年、自分の名前を公表して、はじめて人前で自らの水俣病の体験を語りました。二八歳まで水俣病を隠してきた自分をさらす覚悟を決めたのです。「そのころの私は水俣病に対して恨む気持ちと、逃げたいと思う気持ちが交錯していてとても複雑な気持ちの中、毎日を生きていたような気がします」（四八三頁）。孤闘は自己を開示する孤闘へと転換しました。緒方さんの訴えは普遍性を得ていきました。逆転裁決はこうして達成されたのでしょう。

現実と正面から向きあうことで、人間への信頼を取りもどし、幸せにつながる可能性が生み出されていく――緒方さんの生き方を含めて長野、福島、水俣の三つの実例は、それを示しています。教育と民主主義の思想は、その先に開かれていくように思われます。

第6章　悲しむことの教育的価値

「3・11」体験と当事者性について

「3・11」直後の数カ月、私は、これで日本の社会と教育は変わると思いました。津波と原発事故による惨状は言語に絶し、日本社会の経済成長を至上価値とするシステムはその非人間性と脆《ぜい》弱《じゃく》性を余すところなくさらけ出しました。人々は痛切な思いを抱いて、その点を見せつけられたのです。社会を支配してきた市場主義的で国家的な価値は転換されなければならない――人々は、誇りと矜《きょう》持《じ》を取り戻して、人間的な価値を大事にする社会と教育システムへの転換点を自らの力でつくり出すに違いないと思いました。かつて説明されたことのない新しい教育的価値の創出の事実（教育運動と教育実践）があちこちに現れ、その教育学的意味を探る努力に忙しくなるだろうと願いました。

しかし、「3・11」から一年が経つころから、日本社会はあらぬ方向に舵を切ったように、いま思います。安倍暴走政権が生まれてしまい、これまで同様に成長を優先させる、というよりも、もっと成長を加速させる道を選びはじめました。憎悪と排除と反知性をはばからない荒涼とした政治風景が暴走を後押ししてきました。どうしてこのような事態が生じたのか。オール沖縄と若者の民主主義の声（ＳＥＡＬＤｓなど）の広がりは、希望の灯であるのですが……。

このような私の考えは現状分析の甘さの典型（希望的観測！）であったのでしょう。人間と社会と教育はそのようには動かない、変わらないのです。そうであれば、とことん人間とは何かを考えるほかないのかもしれないと考えました。私は、教育の現場におもむき当事者にお会いし、この問いを深め続ける以外ないと考え始めました。とくに、悲しみと向き合い、悲しむことで人間が変わっていける、そのような考えを重視して教育実践の可能性を追求する――それが国家と経済を至上とする価値観を真に越える手がかりになるのではないのか、という思いにいたっています。

以下は、宮城県東松島鳴瀬地区の中学校教師・制野俊弘さんによる震災一年後の教育実践と、水俣・女島で漁師の網元に生まれ育った水俣病患者・緒方正実さんによる熊本県行政を相手にした水俣病認定請求一〇年のたたかいと実践です。私は、ここで、悲しみを語り始めた人々がなぜ私たちの心を揺さぶり感動を呼び起こすのか、を記してみたいと思います。

悲しみや苦しみを分かち合おうとする中学生――旧東松島鳴瀬第二中学校より

私は、二〇一六年二月に、東松島鳴瀬未来中学校を訪れます。そこで、制野俊弘先生にお会いしました。鳴瀬未来中学校は、二〇一三年四月に、鳴瀬第一中学校（陸側）と第二中学校（海側）が統合してできた新しい学校（鳴瀬第一中学校校舎を利用）です。鳴瀬第二中学校は津波で壊滅的な被害を受けています。制野先生は、鳴瀬第二中学校に務めておられた方です。

ここで記す制野先生の実践は、震災後、二〇一一～一二年の鳴瀬第二中学校の記録です。制野先生は、これを最近『命と向きあう教室』（ポプラ社、二〇一六年）にまとめました。

私は、あらためてこの本を読んで、制野さんの実践の意味をかみしめています。いくつもの考えさせられる実践の場面がありますが、とくに印象深いのは、鳴瀬二中にとって（住民にとっても）最後になる運動会への取り組みとその感想を綴った三年生・まなきさんの綴方《つづりかた》です。

教育行政が決めた廃校と統合を一気に進めなければならないなかでの運動会の取り組み。地域に根ざしたこの学校のよさを前面に押し出せば出すほど、悲しく悔しい思いがこみ上げてきました。運動会に「祭り」を取り入れ、テーマは「生徒は地域のために、地域は未来のために」としました。自然との抜き差しならない関係のなかで、自然とともに歩んできた先人たちと子どもたちが交信する。亡き人を思い、失った故郷を脳裏に刻み込む。そのための企画を考えたのです。

御神輿《おみこし》を担ごう。引き綱を編み、運動場を練り歩こう。卒業生がつなぐ聖火リレーと伝統の地域の象徴「エジプトダンス」を行いました。そして、最後の企画である風船飛ばし。希望と願いを込めた風船が一斉に舞い上がる場面です。静寂に包まれる校庭。涙を流す校長や地域の人々。運動会はこうして終わりました。

まなきさんは、この風船飛ばしの場面をこう振り返っています。

「私が想っていたことは、自分が持っている風船を飛ばしたくないということです。この風船を飛ばしたら終わってしまう気がしました。ですので、みんなが飛ばした後に遅れて風船を飛ばしました。大空高く飛んでいった風船たちは、きれい、美しいというありきたりな言葉じゃ言い表せないものでした。」

制野先生は、まなきさんがなぜ遅れて風船を飛ばしたのか、どうして風船を飛ばしたら終わってしまうと思ったのかが気になり、もう一度、詳しく書いてくれないかとお願いしました。まなきさんは、それに応え、長い綴方を書いてきました。

風船を大空に飛ばしたとき、涙が溢《あふ》れてきたと書きます。願いがかなえばいい、つらさや悔しさがなくなればいいと祈ります。しかし、なかなか風船を放し空へ飛ばすことができなかったとし、その理由を次のように記していました。

「私は大好きな母を忘れそうになっています。忘れたくない、そう思っているのに少しずつ消えてしまいます。震災が起きる朝に交わした言葉も、声も顔も動作も。思い出せないことが多くなっています。それがとても怖いです。母が私の中から消えそうで怖いです。そして忘れていってしまう自分が嫌でしょうがありません。風船がなかなか飛ばせなかったのも『忘れてしまう』と思ったからだと思います。」

職員室でこれを読んで、制野先生は声を押し殺して涙を流したといいます。記憶の喪失との壮絶なたたかいが、まなきさんにはあったのです。薄らいでいく母親の記憶を何とか押しとどめようとする必死の努力がありました。教師はそれに気づかされました。

制野先生は「祈り」と「鎮魂」を実践のテーマにしていました。ある日、突然、肉親や故郷を失った中学生が、どのようにして内なる魂を鼓舞し、湧き出るような底力を発揮していったのか、その生活記録を残そうとする試みでした。生活記録には、悲しみや苦しみを分かち合おうとする中学生の姿があります。制野先生は、「３・11」が「私たち日本人にとって特別な日だったという事実は、悲しいかな少しずつ薄らいできている」と述べています。喪失感と悲しみを語りつなぎ、再生の力を得る――制野さんの復興教育実践の核心は、ここにあるのでしょう。

フェミニズムや政治思想の研究者である岡野八代さんは、『３・11を心に刻んで２０１４』（岩波書店編集部編、岩波ブックレット、二〇一四年）のなかで、「どんな悲しみでも、それを物語に変えるか、それについて物語れば、堪《こら》えられる」というデンマークの小説家イサク・ディネセンの言葉を、ナチ・ドイツ時代を生きのびたユダヤ人女性の思想家ハンナ・アーレントが幾度も引用していることを指摘しています。人生における受難や喪失を嘆き、弔うことを描くディネセンの小説は、語りのなかで意味を与えられ、記憶の断片を紡ぐことで未来が拓かれることを教えているといいます。アーレントはディネセンの物語に影響を受けていたのです。アーレントは、物語る意義を認め、強い思い入れをもっていた思想家でした（矢野久美子『ハンナ・アーレント――「戦争の世紀」を生きた政治哲学者』中公新書、二〇一四年）。

「母は死んでしまったけれど、まだ生きている。その気持ちが私にとって前に進むための理由になります」とまなきさんはいいました。悲しみを語ることは、過去にとどまることではなく、希望の光を見つけ出す創造的行為なのだと思います。悲しみに向きあうことで人は成熟することができるということでしょうか。教育の言葉がここにあるといえるのではないでしょうか。

悲しみの体験と生の豊かさ――水俣病患者緒方正実さんの生き方

私は、「3・11」以降、福島を訪れては美しい山河を見てきました。飯舘村で、凄惨な情景（うずたかく積まれた汚染廃棄物の黒い袋）を一方で見やりながら、自然の豊かさと厳しさを併せもつ磐梯山を望み、福島の人々の誇りを思い起こしてきました。

私は、水俣に来ても同じような気持ちにとらわれます。不知火海の光り輝く美しさと穏やかさに魅せられます。女島の山間の急勾配から眺める水俣の静かな海は、人間の暮らしがみごとに自然に溶け込んでいるさまを感じさせます。そこに、漁師の慎ましいが譲らない矜恃ある生き方の存在を想像することができました。

緒方正実さん、一九五七年生まれの水俣病患者。現在、水俣病資料館の「語り部の会」会長。私は、二度、緒方さんの自宅にお邪魔して、長いインタビューをさせていただいています。緒方さんは、最近、『水俣・女島の海に生きる――わが闘病と認定の半生』（阿部浩ほか編、世織書房、二〇一六年）を著しました。前章で述べた緒方さんの生き方を最近書に触れながらもう少し詳しく紹介したいと思います。

緒方さんは、芦北町女島の網元の家に生まれました。家の中はいつもにぎやかでした。一九五九年、同居の祖父・緒方福松さんが急性劇症型水俣病で死亡しました。同年、妹さんが生まれますが胎児性水俣病と診断されました。三歳のときに毛髪水銀検査に応じました（後に、水銀値二二六ｐｐｍと判明。普通の人は三ｐｐｍ）。五歳のとき、頭痛、目まい、よだれ、カラス曲がりの症状が出て、毎日通院しました。緒方家の親族全体では二〇名ほどが水俣病患者として認定を受けました。緒方さんは、一七歳のときバイク事故に遭い、その後遺症（これも水俣病の影響）で漁師をあきらめ、建具職人になりました。

一九九七年、三八歳のとき、緒方さんは水俣病患者として初めて認定を熊本県に申請しました。緒方さんは、それまで水俣病を隠してきたのです。「そのころの私は水俣病に対して恨む気持ちと、逃げたい気持ちが交錯していた」「私は水俣病の被害者でありながら水俣病のレッテルを貼られるのをすごく嫌っていた」と後に述べています。

緒方さんの申請は熊本県行政によって棄却処分となりました。誰が見ても水俣病特有の症状とわかり、しかも毛髪水銀値が二二六ｐｐｍという動かしがたい証拠があったにもかかわらず、不認定の処分が下されたのです。この不条理。ここで、緒方さんは変わりました。

緒方さんは、処分を不服として、申請を四度重ねました。一方で、行政不服審査を請求しました。不服審査は、一度は棄却されますが、二度目で棄却取消の逆転裁決を得ました。二〇〇六年のときのことです。二〇〇七年に認定、申請から一〇年後、二二六六番目の水俣病患者に認定されました。

この水俣病認定をめぐる行政不服審査では、原処分が否定されて差し戻しされる率は、四〇年余りで三パーセントに満たないそうです。細くて狭い道でした。緒方さんのケースは、稀有《けう》な逆転裁決でした。

緒方さんが逆転裁決を得るのには理由がありました。口頭審理は自分に合っていた、と緒方さんは言いました。行政不服はていねいに事実を確認することができ、細部にわたって自分の気持ちを検証できるのです。弁護士任せにすることはなく、支援のみなさんの力を借りていろいろ教えられながら自分で審理のやりとりをできたのです。「本当に意味あることだと思い知らされた」。公の場で訴える意義を感じ、自身の成長を実感していきました。

行政の不条理に対し、「人間としての叫び」を根底に据えました。湧き上がる人間としての怒りと悲しみの感情を大切にして行政組織に向き合いました。素朴な疑問をぶつけ、行政の専門主義の欺瞞《ぎまん》を衝きました。無意識に水俣病患者を見下す行政側に座る人間の罪を問いました。緒方さんは、机をはさんだ行政側の人々に「ひとりの人間として感想を聞かせてほしい」と訴えました。対話形式のたたかいが生みだされていきました。こうして行政側の謝罪を一つひとつ重ねていったのです。

第5章でもふれましたが、熊本県行政は、認定作業のために緒方さんの小中学校の成績証明書を無断使用しました。緒方さんの抗議を受けた熊本県行政は、反省し、個人のプライバシーに配慮し、成績証明書の使用を止める方針を決めました。また、水俣病疫学調査における差別用語記載問題でも、緒方さんの抗議を受けて、潮谷義子熊本県知事（当時）は謝罪しました。

チッソが流した水銀によって身体と生活を破壊され、さらに、熊本県の行政によって、辱めを受ける二重、三重の差別。緒方さんは、ひとりの人間としてそれを許さず、行政側に謝罪という人間の証《あかし》をとらせたのです。行政側も人間の言葉を返すようになりました。逆転裁決は、こうして勝ちとることができたのです。

緒方さんは、国家（行政）とたたかっていくことのつらさを人一倍味わったことでしょう。それは水俣病を隠していた臆病で気の弱い怯懦《きようだ》な自分を責める過程でもありました。「自分がきちんと水俣病を受け入れることができないで、何で行政に批判ができるんだと、問いつめ続けてきた」といいます。緒方さんの次の言葉は、私の心を深く揺さぶります。

「私や緒方家家族は水俣病という公害によって苦しみのどん底を味わったことで、人として喜びと幸せを感じる力を深めたと思っています。そして、人それぞれの水俣病は決して失うことばかりではなく、生の豊かさを得ながら生きる方法と人を赦《ゆる》す方法とを知ったのだと思います。それはまた、喜びや幸せを心から実感できる力を身につけている人は、苦しみや悲しみのどん底を体験した人であり、そのどん底は無駄ではないことの証《あかし》だと思っています。」

（緒方正実『水俣・女島の海に生きる』世織書房、二〇一六年、「はじめに」ii頁）

悲しみに向き合うことで、人は変化し、成熟し、現実を堪えるためのより大きな能力と豊かさをそなえるようになるのです。悲しみがやがてその人の心を別のあり方で富ませることになるのです（A・&M・ミッチャーリッヒ『喪われた悲哀――ファシズムの精神構造』馬場謙一訳、河出書房新社、一九八四年）。私は、緒方さんにその可能性を感じます。

建具職人の緒方さんは、舟を購入しました。女島で育ったころに還るためです。舟に乗ってほっとする瞬間を得るのです。「私にとって海は切っても切れない間柄だったんだ」とします。海はたたかいのヒントを与えてくれ、海の中にいるとスムーズに答えが出せてしまう、といいます。私は、水俣病とたたかう人々の力の淵源は不知火海とともに生きた人々の暮らしのなかにあるのではないのか、と密かに思っています。

悲しみを豊かさに転じる力（＝教育的価値）を、私は、水俣で、東日本沿岸で、被災地で、見つけ出しているのだと思います。

第7章　教育は子どものしあわせにどう力になれるか

子どものしあわせと教育実践

子どものしあわせという根本問題に立ち戻らなければ、いまの教育危機の本質と克服の道は解けないということを述べてみたいと思います。

新自由主義の政策は、社会不信、人間不信、教師と子ども不信を基調としています。この人間不信の政治、政策は、学校に監視と評価と説明責任を強引に導入し、子どもと若者の世界に排除と憎悪や孤立感を増幅させ、教育の現場から自律性と専門性を奪う管理統制をもたらしました。したがって、人間への不信からではなく、人間の成長と発達への信頼に依拠した教育を探求しなければならないとの願いが強まってくるのも自然なことでした。子どものしあわせを考えてみるというのは、このような社会状況に密接に結びついているように思います。

私たちは、教育の問題をその深部においてとらえたいと願っています。その問題のとらえ方が深ければ深いほど、その解決への取り組みは人間の全力を必要とするはずでしょう。私たちは、子どもたちのために全力をあげることのできる人間でありたいと思います。子どものしあわせを考えるということは、教育の問題を深くとらえようとする、その深さに支えられた人間が現れてきたということではないでしょうか。

教育の問題に即して子どものしあわせを考えてみるとは、どういうことでしょうか。子どものしあわせは学校（のランクや成績）で決まるということをいいたいのではありません。そのように考えてしまう親の気持ちはわかりますが、ここで言いたいことはもっと別の次元のことなのだと思うのです。

現在の日本社会における子どものしあわせの実現は、政治による解決を不可欠としています。したがって、教育の仕事に携わる私たちはどのように政治に向き合うのか、という問題に突き当たります。

安倍晋三政権は、二〇一五年、「戦後レジームからの脱却」を標語にして、解釈改憲による安全保障関連法案（戦争法）を強行採決しました。二〇一七年、教育勅語を教材として使用することは否定されないとの閣議決定を行いました（国家主義の統制）。二〇一八年、森友・加計《かけ》問題に関連して、財務省における公文書改竄《かいざん》事件が起きましたが、政府関係者によって真実を明らかにすることはいっさいしませんでした（民主主義の危機）。

私たちは、この現実を目の当たりにして、政治的な課題の実現がいかに困難であるのかを一方で感じてきました。政治的な変革が困難であるという現実に直面するとき、私たちは、人間とはそもそもどのような存在なのかを考え始めます。社会の転換期には、その時代の課題をもっとも深刻に受けとめ、その課題に向き合う人間性の発展をぎりぎりまでに追求する人々が生まれます。いま、安倍暴走政権のもとでは、政治的課題の実現が困難であればこそ、新しい政治変革を生みだす人間の、その内面形成の問題（価値観の転換）を重視する人々が現れてきたのではないでしょうか。政治的な課題の実現の失敗や困難性にもかかわらず、そうだからこそそれを、教育の世界で、むしろ教育の力において実現しようとする人々の出現という捉え方です。現実の政治を否定するには、新しい人間的価値を獲得した人々を必要とします。この教育の課題という自覚こそが、もっとも根源的な政治変革につながっていくという考えです。

私は、教育において子どものしあわせを考えてみるという思想は、このような教育における高い政治性の追求と密接に絡んでいると思いたいのです。子どものしあわせ（＝人間的価値）を教育実践の世界で求めることは、現実政治に対する強い否定の意思と情熱の存在を証明しているのではないでしょうか。

子どものしあわせを追求する教師の現状を考えてみる必要があります。私は教育学者の勝田守一が述べた、教師とはどのような存在なのかという次の文章に注目したいと思います。

「教育の仕事はいわば、現実では、不断の敗北の連続のようなものである」。この言葉に釘づけとなりました。この文章は、教師がどうやって子どもと人間の可能性に対する信頼を回復するのかという語りのなかにあります。もう少し、続きを読みましょう。

「それが、物的条件の貧困や社会の無理解やあるいは、権力の圧迫からくるのは、まだ忍びやすい。教え子からくる裏切りに骨の髄までこたえた経験をしない教師は少ないだろう。これから立ち直ることがなければ、形と職務とは教師であっても、もはやわたしたちは教師でなくなる。しかし、実際に、わたしたちは、心の中でなんどでも教師でなくなる経験を繰りかえす」（「教育学の古典をどう読むのか」一九五七年、『哲学論稿・随想　勝田守一著作集7』国土社、一九七四年）

勝田は、なにも教育の条件整備の大切さを軽視したり、国家権力の統制を免罪しようとしているのではありません。そうではなく、目の前にいる子どもたちとの日々の葛藤《かっとう》がどれほど教師の心を占有しているのかという事実の重みを指摘しているのです。

それにしても、今日の教育は、勝田の時代とは比べものにならないくらい困難さを増しています。教育条件の貧困さ（教師の多忙と精神疾患）、社会の無理解（教師バッシングとクレーム）、そして権力の圧迫（ゼロトレランス、学校スタンダード、ＰＤＣＡサイクル、そして国旗掲揚・国歌斉唱の強制などなど）。教師の教育環境は一段と劣悪さが強まっています。そうであれば、心の中で何度でも教師でなくなることをくり返す、それが勝田の時代をはるかに超えて教師に襲いかかってきているようにも思われます。

私は、教師の仕事は不断の敗北の連続である、ということを十分に理解している人間ではありません。ただ、この生きがたさゆえに生みだされた子どもたちの裏切りを、そして、それによる教師の失意と無気力を経験しつつ、それをくぐり抜けて、人間の発達への信頼を回復する境地にたどり着く、そういう教育の過程を想像してみることはできると思います。

子どものしあわせは、不断の敗北の連続のような教育のなかでしか実現されません。不断の敗北の連続であるにもかかわらず、教師は子どものしあわせを求めていかざるを得ないという時代。子どものしあわせを教育実践で考えるということは、そのような教育の本質へのきびしい認識の深まりを求める時代の出現であることを予感させます。

東日本大震災と子どものしあわせ

教育学と教育実践は、子どものしあわせにどう力になれるでしょうか。私は、この問題を二〇一一年に起きた東日本大震災における復興教育実践を手がかりに考えていきたいと思います。

私は、「3・11」の比較的すぐ後に刊行された福島在住の高校教師和合亮一さんの詩集『詩の礫《つぶて》』（徳間書店、二〇一一年）の、次の「子どもの声」にふれる詩の一節が忘れられないでいます。

「避難所は、苦しい生活を強いられています。避難所で遊ぶ、子どもの声にとても心が助けられる、というお話をラジオなどで良く聞いています。どんなに辛《つら》くても、未来の声を、耳を澄ませて、聞いていきたい」。

私たち大人は、じつは、子どもの存在によって救われているのです。だからこそ、大人は子どものしあわせのために全力をあげて生きていかなければならないと思うのでしょう。過酷な避難所暮らしは、教育の原点（子どもという未来の声）を教えています。どんなにつらくても、未来の声を、耳をすませて聞いていきたいと思います。復興を願う教育実践には、子どものしあわせにどういう力になれるのか、に対する教師の真摯《しんし》な努力があるに違いないと思います。

私の手元には、いま、宮城県に在住した教師による三つの実践記録があります。『16歳の語り部』（佐藤敏郎監修、ポプラ社、二〇一六年）、『命と向きあう教室』（制野俊弘、ポプラ社、二〇一六年）、そして『震災と向き合う子どもたち――心のケアと地域づくりの記録』（徳水博志、新日本出版社、二〇一八年）です。

制野俊弘さんの実践は、宮城県東松島旧鳴瀬第一中学校における、二〇一一年から二〇一三年までの記録です（二〇一三年に鳴瀬未来中学校に統合された）。制野実践の核心は、「祈り」と死者への「鎮魂」でした。ある日、突然、肉親や故郷を失った中学生が、どのようにして内なる魂を鼓舞し、わき出るような底力を発揮するのでしょうか。そのための生活記録を残そうと制野さんは誓います。生活記録には、悲しみや苦しみを分かち合おうとする中学生の姿が見えます。子どものしあわせを願うとき、教師制野にとって、なぜ祈りや鎮魂がテーマにならなければならなかったのか。私は深く考えてみなければならないと思いました。

中学三年生のまなきさんは、運動会の最後の企画である風船飛ばしで、自分の風船を空に飛ばすことをためらいました。この風船を飛ばしたら亡くなった母のことを忘れてしまいそうだからでした。まなきさんは綴ります。「母は死んでしまったけれど、まだ生きている。その気持ちが私にとって前に進むための理由になります」。悲しみ（死者）を語ることは、過去にとどまることではなく、希望の光を見つけ出す創造的な行為なのです。制野さんはこのように確信したのだと思います。

『16歳の語り部』三人（雁部那由多、津田穂乃果、相澤朱音）は、あのとき、東松島市立大曲小学校五年生でした。三人は、五年間の葛藤を経て、語り始めます。「震災の話はしないようにしましょう。みんなで前を向いて頑張りましょう」という学校の方針にとまどいつつ、従ってきました。しかし、語らずにはおれなかったのでしょう。語ることでわかってくる大切なことがあります。

雁部那由多さんは言います。「数人の被災組の友だちとは、ちょっとした話をして、つらさを共有することができました」「その体験をひとりで抱え込むのではなく、人に伝えるという手段があることを知りました」「話すことでラクになった」。

津田穂乃果さんは言います。「仮設や避難所での暮らしは大変です。ストレスの原因はいくらでもありました。そのストレスを吐き出せる唯一の場所が、たぶん、私たちにとっては学校でした」。

相澤朱音さんは言います。「今思うことは、当時の私と同じように、自分の中であの日の思いを抱えたまま、誰にも吐き出せずにいる人がまだたくさんいるだろうな、ということです」「私は、心の復興ってたぶん、町をつくり直すよりもずっと、時間がかかるものだと思います」。

佐藤敏郎さんは、三人のいた東松島市立矢本中学校の教師でした。佐藤さんは三人に出会い、あの日を語ろう、未来を語ろう、という気持ちになっていきます。震災の話はしないようにしよう、という教師やおとなの気持ちは痛いほどわかります。しかし、「ただつらかった」ことにはできません。佐藤さん自身、次女を石巻市立大川小学校の津波被災で亡くしています。佐藤さんは言います。

「ただ、ずっと思っていた。『3・11』と向き合うときに、つらさや痛みだけでなく、ほんの少しだけでいいから、そこに穏やかな気持ちや希望を加えられないだろうか、と。あの悲しみを繰り返さないため、未来に何かが少しでもよくなるため。私たちは、生き延びた者として、3・11にそんな意味を持たせたいのかもしれない」。（『16歳の語り部』）

生き延びた者として、私には何ができるのか。何をしなければならないのか。佐藤さんは体験を語ることの意義を深めていきます。語ることは大変に難しい。思い出したくない悲惨な事実とつらさが伴います。しかし、語り方によっては、あるいは聴き方しだいで、ほんの少しだけ希望を感じられるような、そんな話し方ができるのではないだろうか。被災地に求められる教育実践とは、そのようなささやかな語りの創造から始まるのではないだろうか。それがきっと、やがて子どもたちのしあわせにつながっていく――私は三人と佐藤さんの語りから、それを感じます。

東京の近辺では、震災の影響を受けて、一度は変わらなければならない、あるいは変えなければならないと思いはしたものの、震災前と変わらぬ生活に戻れる兆しが見えた途端に、それにしがみつきはじめた人々が多くいるでしょう。私もその一人かもしれません。徳水博志さんの実践（石巻市立雄勝《おがつ》小学校）は、こうした人々に向かって、悲しみの気持ちを込めて、子どものしあわせとは何か、を訴えてきます。

「震災を機に日本が生まれ変わるのではないか、と多くの人が期待しました。ところが時間の経過とともにその期待は裏切られ、震災以前にもまして経済至上主義の社会に逆戻りしていきました。その波は学校にも押し寄せてきました。被災校でも、『学力向上』が強調され始め、子どもたちは旧秩序の学力競争の世界に連れ戻されていきました」。（『震災と向き合う子どもたち』）

徳水さんは、被災地にふさわしいはずの教育の課題とは何かを懸命になって探していきました。それは新自由主義的な人間像に呪縛された「学力向上」からの解放でなければなりませんでした。経済至上主義の「創造的復興」ではなく、「人間性の復興」こそが大切であるはずだ――徳水さんは、子どもたちを地域循環型産業復興のプランづくりに参加させていきました。伝統の雄勝硯《すずり》の職人を学校に招いてそのすばらしさを学びました。仮設住宅に住む人々に、子どもたちは雄勝石を使って表札を一人ひとりにプレゼントしました。雄勝湾のホタテ養殖技法を学んで、漁師たちはすぐれた科学的知識の持ち主であることを知りました。教室における地域復興実践でした。

私は、徳水さんが始めたこの死にものぐるいの復興教育実践のわけを知りたいと思います。あの日あの時、雄勝小学校は、校庭に子どもたちを待機させ、体育館に避難させる指示を出していました。わが子を引き取りに来た母親（佐藤麻紀さん）がこの様子を見て叫びました。「ここにいたら津波にさらわれるから！　頼むから！　早く山さ逃がして！　お願いだから！」

教師と子どもたちは危うく難を逃れました。夜の裏山で誘導したのは消防団員の人々です。教師は無力でした。学校再開は四月一日。学校再開のチラシを保護者が暮らす避難所に持っていくと、「先生方はいまごろ何しに来た！」という非難の声を浴びました。同じ雄勝の住民として、その思いに寄り添った行動をとれなかった教師たち。「痛恨の極み」。子どもと教師の命を助けた佐藤麻紀さんは雄勝病院で祖母と実母を亡くしています（雄勝病院では、入院患者四〇名、スタッフ二四名が犠牲になっています）。

私は、徳水さんが復興教育の実践に向かった最大の理由は、この「痛恨の極み」にあるのではないのかと思っています。生き残った自分が、死者との関係性を再構築して、子どもたちに地域を残していかなければならない。子どもとともに死者の声を聞いて、地域に根ざす教育を再建すること――徳水さんの実践の核心は、ここにあるように思います。

生き延びた者たちによる、子どものしあわせ願う教育実践がこの三冊には記されています。

戦後教育学と子どものしあわせ

戦後教育学とは何でしょうか。なぜ、「戦後」を冠したのでしょうか。文字どおり、戦争の後の教育学である、という自覚が必要だった理由は何でしょうか。

私は、戦後教育学とは生き延びた者たちの教育学（矢野智司「それからの教育学」、『災害と厄災の記憶を伝える』勁草書房、二〇一七年、参照）であると考えたいと思います。死者たち（ここでは、アジアの犠牲者も含める）との関係から教育実践と教育学のあり方を問うことだと思いたいのです。戦後教育学が生き延びた者たちの教育学であるとするならば、復興教育実践に豊かな示唆を与えるはずです。

敗戦六年後の一九五一年、『原爆の子』（岩波書店）が刊行されました。自ら被爆し、生死をさまよい生き還った教育学者・長田新が編んだ、広島で被爆した子どもたちの手記です。ここには、復興教育実践を元気づける、子どものしあわせをなにより求めずにはおれない戦後教育の思想が記されています。

「生き残った人たちは、今はもう語ることのできない人々に代って、またその人々と共に、訴えている」と長田新は言います。「いたいけな少年・少女たちが、できることなら忘れてしまいたいと思いながらも、どうしても忘れることのできない父母の死を思い浮かべながら、悲しみに打ちひしがれて重い筆を動かし」綴った原爆の手記でした。だからこそ、悲痛な平和への祈りとなるのです。

「特に第二次大戦において重大なあやまちを犯して、今や戦争責任を痛感しているわが日本国民」。長田は、日本人の侵略と加害の責任を見据えます。

そして、被爆の現実の中で見せた人間のすばらしさを発見し、それを説いています。

「私がここで特に述べたいことは、こうした悲劇の真直中《まっただなか》で発揮された人間愛の精神である。親が子を、子が親を、また兄弟姉妹が、たがいに助けあった肉親愛はもとより、教師と生徒との師弟愛、そして友情、さらには見知らぬ他人を救い出すために献身的な、ほとんど超人的なともいうべき努力がなされた人間愛、そして傷ついて広島市を逃げ出した人々を迎えた農村の人々の暖い同胞愛の実例は、これらの手記の至るところに見出される。ここには『人間はもともと孤独な利己的な存在ではなくて、本来隣人愛にもえた偉大な存在である』という厳然たる証拠があるではないか。しかも人間のその偉大さが、余りにも悲惨なこの地獄において発揮されねばならなかったということは、また何という悲しむべきことだろうか」。

（『原爆の子』序）

人間は、どんなに危機的な状況に直面しても、子どものしあわせを求めてけっしてあきらめず、人間性を発揮させずにはおかない存在であるという事実が示されています。人間は信頼に値するものであってほしいという願いは、ここでみごとに記されています。死者と向き合わざるをえなかった戦後教育は、だからこそ、人間は信頼するに値するものだという事実を発見し、創造することができたのです。

教育学と教育実践は、子どものしあわせにどう力になれるか——その探求の事実をもっともっと考えていきたいと思っています。

第Ⅰ部のまとめに代えて

福島原発事故があって少し経って、引きずり込まれるようにして読んだ一〇〇ページ余りの冊子があります。福島県立高等学校教職員組合女性部編『福島から伝えたいこと　第2集　奪われた尊厳を取り戻すために』（二〇一三年）です。子ども・生徒、教師、そして、地域の人びとの手記が綴られています。

一つだけ、南相馬市原町高校三年の女生徒手記「原発ゼロを」を紹介したいとおもいます。彼女は、震災後すぐに、母親の実家である岩手県一関市に避難し、その地の高校に転校する道を選びます。大好きだった原町高校には通えません。テレビを見ても、楽しそうに笑っている芸能人に不快感しかもてないのです。鬱《うつ》のような状態がつづきます。そんな時、友人から、ツイッターから集めたというメールが届きます。「笑いあり、涙ありの文がいっぱい詰まっています。少しでも楽になるよ」と添え書きがありました。

◎ホームで待ちくたびれていたら、ホームレスの人たちが寒いから敷けって段ボールをくれた。

いつも私達は横目で流しているのに。暖かいです。
◎千葉の友達から。避難所でおじいさんが「これからどうなるんだろう」と漏らしたとき、横にいた高校生くらいの男の子が「大丈夫、大人になったら僕らが絶対元に戻します」って背中さすって言ったらしい。大丈夫、未来あるよ。
◎仙台の友達の言葉。「暗すぎて今まで見たことないくらい星が綺麗だよ。仙台のみんな上を向くんだ！」こんなくさいせりふが心に突き刺さった。

彼女は、これを読んで「自分は一人じゃないと思えた」とし、家族とたくさん話し合ったと述べます。二学期から、通学に遠かったものの、元の原町高校のサテライト校（福島市に開設）に通うことになります。

原発災害はどんなに子どもたちの生活と心と未来を傷つけたことでしょう。しかし、子どもたちは、怒りと悲しみの生活にありながら、友人を介して人間への信頼を知り得ていくのです。

私は、人間の怒りと悲しみと、しかし人間への信頼を捨てられない思いがよく綴られているこの冊子を読んで、教育にとって最も大切なことは何かを、うんと考えたいという気になりました。復興の教育方針は、こうした人たちの願いと成熟という事実に応えてこそ形づくられなければならないと思うのでした。

それにしても、私のような人間が、なぜ、災禍の人々（福島の、水俣の）のことを思ったり、考えたりするものなのでしょうか。

第二次世界大戦のドイツ敗戦直後（一九四六年）の、カール・ヤスパースの『戦争の罪を問う』（平凡社、一九九八年）を読んでみて、少しだけその理由がわかったような気がしました。

ヤスパースは言います。人間は、「形而上《けいじじょう》的な罪」というものを感じる存在なのだ、と。それは、人間相互に連帯的関係がある場合、世の中の不法と不正に対して自分がその時と所を共有するかぎり、つまり、犯罪が行われたその場所などに居合わせたのであれば、自分にも罪の一端があるように感じてしまう存在なのだ、というのです。

ヤスパースの「形而上的な罪」の理解は難しいのですが、私は、たしかに東京在住の自分に「罪」を感じていたように思われたのです。この「罪」の自覚は、しかし、重要な意義をもつというのが、ヤスパースの説くところであったのです。

「全く無力なために、憤激し絶望しながらも大勢を阻止することができなかった人たちは、形而上的な罪を意識しうることによって、人間的な生まれ変わりという点で一歩前進を遂げたのである」。「みずからの責めを負うべきことを意識することこそ、政治的自由を実現しようとする内面的変革のはじまりとなる」。

ヤスパースはこう述べているのです。彼は共時的な罪の自覚に内面的な変革の可能性を探っている、ということではないでしょうか。

私は、原発についても、水俣病についても無知であって、その現実にこれまで無力であった自分の罪を自覚するようになるのですが、そのことが、私のような人間であっても、やがて自らの内面的な変革を呼び起こすことにもなり、現実と向きあって政治的な自由を実現しようとする意欲が生まれてくる、というふうにヤスパースの言葉を理解したのです。私の3・11体験以後は、このような考えを得ていく日々だったように思います。

もう一つ、思いを強めたことを書いておきたいと思います。

それは、このような災禍を8・15敗戦の教育思想とつなげて考えてみたいということでした。8・15以後の教育思想をもう一度これら災禍に照らして、その孕《はら》まれた意義を批判的に吟味してみる、ということでした。

一つ、例をあげてみます。教育科学研究会初代委員長の勝田守一は、敗戦直後に次のように述べています。

「客観性と寛容と人間性への窮極の信頼が教師の活動に最も教育的な価値を与えるだろう。そのような教育によって、子どもたちや青年たちは、自己の道を『自己の』確信で選ぶことのできる人間になるだろう。」（勝田守一「社会科はなぜ生まれたか」一九四八年、『戦後教育と社会科　勝田守一著作集1』国土社、一九七二年）

敗戦後の一九四八年に、「人間性への窮極の信頼」と書かねばならなかった勝田の思いは何だったのでしょうか。

無謀な侵略戦争を引き起こし、敗戦を結果させ、アジアを含めた甚大な被害と膨大《ぼうだい》な死と、そして精神の破綻《はたん》をもたらした日本国家の責任をいかに追究し、批判するのでしょうか。また、その無謀な戦争に従い、それを支持した国民自らが罪と責任を自覚し反省し、その彼らが、廃墟の中からどのようにして戦前とは異なる新しい平和と民主主義の原理に基づく社会をつくり出すのでしょうか。つまり、いかにして人間の矜持《きょうじ》を取り戻すことができるのか。その根拠はどこにあるのか。「人間性への窮極の信頼」は、この課題への自覚と深く関わっている表現であったのだろうと思います。

私は、敗戦と再建を生き、その時代の危機を考え抜いた人びとの思想に学びたいと思うのです。甚大な被害と夥《おびただ》しい人間の死に向き合いながら、しかもその酷《ひど》い結果に自分たちも荷担している、そういう当事者たちが人間の尊厳にもとづく社会を構築しなければならないとする信頼の思想を、ていねいに学んでいくことは大切ではないのだろうかと思うようになりました。

もう一つ、広島で被爆した教育学者長田新の『原爆の子』（一九五一年）を紹介します。長田は、人間はどんな危機的な状況におかれても人間性を捨てず発揮させずにはおれない存在なのだ、ということを自らが編んだこの本で示しています。

検疫所があった似島《にのしま》は、臨時の野戦病院となり、多くの被災者が運び込まれました。当時小学校三年生だった田中清子さん（中学三年生）は書いています。

「ひがいを受けた者は、皆似《に》の島《しま》に行けということでした。私たちも、そこに行くことにして、川から船に乗りました。

お母さんのすわっている前に、私と同じ年くらいの女の子がいました。その女の子は、体中にやけどや、けがをしていて、血がながれていました。苦しそうに母親の名ばかり呼んでいましたが、とつぜん私の母に、

『おばさんの子供、ここにいるの？』

とたずねました。その子供は、もう目が見えなくなっていたのです。お母さんは、

『おりますよ』と返事をしました。すると、その子供は

『おばさん、これおばさんの子供にあげて』

と言って、何かを出しました。それはおべんとうでした。

それは、その子供が朝学校に出かける時、その子供のお母さんがこしらえてあげたおべんとうでした。お母さんが、その子供に

『あなた、自分で食べないの？』

と聞くと、

『私、もうだめ。それをおばさんの子供に食べさせて』と言ってくれました。私たちは、それをいただいた。しばらく川を下って船が海に出た時、その子供は

『おばさん、私の名前をいうから、もし私の母さんにあったら、ここにおるといってね。』

と言ったかと思うと、もう息をひきとって死んでしまいました。私はその子供がかわいそうでかわいそうでなりませんでした。」

死を覚悟した少女は、この世で最後のやさしさを清子さん母子にささげたのでした。清子さんは、よくぞこの事実を書いてくれたことか。戦後の復興教育はこうした人間の心を育てることが課題となるはず、と長田新は考えたのだと思います。戦後教育の思想は、夥しい人間の死に直面しながらも、人間は悲しみのなかで成熟するという大切な事実を教えているように感じるのです。

戦後教育の思想に学びながら、災禍に向きあう教育を考えていきたいと思うのです。

第Ⅱ部　災禍と風景から教育を考える

――「地域と教育」の個人史的試論

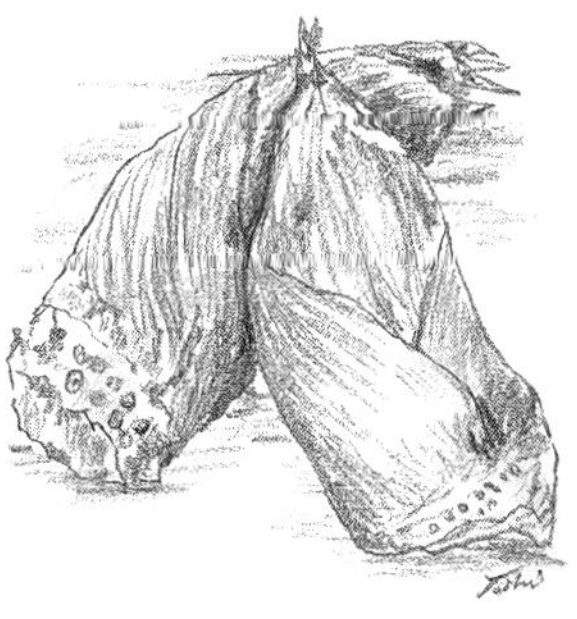

地域と教育に関する私個人の体験的な学びを記してみたいと思います。体験的な学びというのは、実際にその土地を訪れて何ごとかを思い、考えたことをさします。

なぜ、そんなことを思うようになったのか。それは、二〇一一年の「3・11」以降、福島や東日本沿岸部の被災地にお邪魔するようになって、それ以来、いつも頭の片隅に、その土地々々の風景と人びとの表情が焼き付けられて離れなくなってしまったからです。

まだ、うまく表現できないのですが、私は被災地の産業と人間の再生＝復興の教育思想を考えている自分に気づきます。それはいつも自分が間近で見た風景、たとえば、福島の飯舘村《いいたて》――放射線で汚染された何へクタールもの地肌を剝《は》いだ土をいれた一トン袋（フレコンバッグ）が累々《るいるい》と積み重ねられ、人が住めないそのままの状態で放置された風景とともに考えているのです。かつて飯舘村は日本一美しい村の一つと言われました。酪農を中心に緑豊かな山々の風景を、目いっぱいの想像力を働かせて、こんなふうであったろうと思い描きながら、今ある茫然《ぼうぜん》とする以外ない風景との落差を強く意識しながら、考えるのです。

私は、今ある無残な風景とかつて人びとが享受した至福の景色のひとときを交差させながら、復興の教育思想とは如何《いか》にあるべきかを考えようとしています。

風景と地域という思想の発見を新たに探っているように思うのです。記憶を豊かに耕さずにはおかないということなのでしょうか。人間の再生と復興の教育思想の核心はこの途《みち》を通ってもたらされるに違いないと思うようになりました。

そんなわけで、自分の生き方をふり返る意味も込めて、なぜ、いま、こんなふうな自分がいるのか。その理由を解きたくて、個人的な、今につながる体験的な学びを書いてみようと思いました。

自分の問題関心をもう少しはっきりさせたいと思います。福島の飯舘村と熊本の水俣の、二人の「えい子」さんの言葉を紹介します。私は、福島を訪れた後、水俣にも年二回くらい通うようになりました。福島と水俣をつなげて考えたくなりました。

私は、次のような語りにひどく心が揺さぶられるようになったのです。

「飯舘村の山並みを仰いで一生を終わりたいと思っていたよ。この自然の中で、きれいな空気を吸って、四季折々の恵みを感じながら生きていくのが、人間としての最高の幸せだと思って生きてきた。」

「土に触ったりして、飯舘での自分の仕事に帰ることによって、一時的だけど、放射線の不安と恐怖から抜け出し、村にいたときの気分にもどることができる。それが最高なんだよ。」

菅野榮子さんは、飯舘村で酪農に従事しつつ、有機農業も営み、佐須みそや凍み餅など加工食品づくりを行ってきました（『３・11を心に刻んで　２０１６』岩波ブックレット、二〇一九年）。

榮子さんは、避難当時は挫折感から一日中寝ている生活が続いたようです。しばらくして、仮設住宅の近くに畑を借りて農作業をはじめました。榮子さんはこの先どこへ行こうが、自分は鍬《くわ》一本を抱えて生きていくことを決心したそうです。私は、榮子さんは、茫然自失のなかで、かつての自分の自然との生き方を想像力を駆使して風景とともに物語を紡ぎだしました。それが、生きる意欲につながったのではないでしょうか。


「水俣はずっとつづいとる良か山がありまして、ずっとつづいとる長か川がありまして、そして、私たちの住んどる海までつづいとっとです。山に雨が降りますれば、山のミネラルをいっぱい含んだ水が、まんべんなく浜《はま》ん小《こ》浦《ら》を伝わりまして、ビナ（巻き貝）どんたち、貝どんたちに行き渡っとです。そして藻が育てば、いやでん（いやでも）魚たちの寄って来《く》っとです。

でも、木が病み、海が病み、人が病んだときは、聞いてくれろっていうても誰も聞いてくれまっせんでした。それに耐えて、今日死ぬ、明日死ぬちゅう生活からここまで来るまでの間には、本当にいろいろな人たちが死んでいきました。それでも身体の弱か私が生き残ったのは、生きっとったじゃなかっだな、生かされとったっだなっていう思いがあります。本当に、そのような海との関係があって、よかったなって思います。」

（杉本栄子一九三八年～二〇〇八年。「水俣の海に生きる」、『証言　水俣病』岩波新書、二〇〇〇年）

杉本栄子さんは、水俣病という痛みに加え、偏見と差別に苦痛はさらに増幅される、そのような生き方を強いられてきました。そんな栄子さんを支えたのは、海に満ちあふれる豊饒《ほうじょう》な生命たちとともに生きる漁師の生き方だったように思います。かつて幸福だった、つつましいが張りのある自然と海との生活の記憶を呼び戻して、栄子さんはチッソと国家とたたかいながら差別する人びとをゆるすことができたのではないでしょうか。

私は、自然（＝風景）とともにあるこんな語りにこそ人間の再生の原点、復興の教育の核心があるのだと直観するのです。体験を物語って人間の再生をはたすという思想です。

福島の人びとは、「受難と分断」を経験しました。故郷への帰還や補償金をめぐって利害の対立が生じ、人びとの絆《きずな》に分裂が起きました。そうしたなかで、国家なり自治体なり、東京電力という大きな責任主体（組織）にいかに向きあい、その責任を告発するのか、という難題があるのだと思います。受難と分断を超えて、大きな権力組織にどう対峙《たいじ》するのか。そのような主体はいかに形成されていくのか？　そういう人びととはいったい、どのような種類の人間なのだろうか？　そうした人間形成に関する教育学的な難題が横たわっているのだと思わずにはおれません。

私は、これまでの生業《なりわい》をいかに再生させるのか、どのようにその見通しを立てるのか。そうした生活課題と国家と原発企業をいかに告発するのか（政治課題）、という二つの難題に福島の人びとは直面しているのだと思うのです。受難を強いられながら、人間の力の再生を信じ、国家に向きあう人間の形成。私はこの教育学的課題の核心に、先に述べた風景と記憶を豊かに耕す思想の形成が深く関わっているのではないのか、と思うようになったのです。

たとえばの話ですが、学校現場の先生方は、二人の「えい子さん」のような語りにじっくりと耳をかたむけ、その教育的意義を感じとり、その思想のエッセンスをくみ取り、あるときには地域に出向き、あるときには教室にお招きして、子どもたちにそのような思想＝生き方を伝えてみてはどうか、と思うようになりました。今必要な教育はこのようなところにあるような気がするのです。地域と教育に関する私の関心の核心はいまここにあります。

第8章　地域の発見、風景への思い

第一節　僻地教育研究会での学びから

私は、一九五四年に北海道の夕張で生まれました。父は小学校の教師でした。一九七三年に、北海道教育大学札幌分校（当時は「分校」といった）に入学します。研究室は、一年生から浦野東洋一先生の教育制度研究室に所属することになりました。すぐに、僻地《へきち》教育研究会（略して「僻研」）というサークルに入ります。ここが地域との出会いとなります。僻研は、当時、十勝の大雪山山系の麓トムラウシという僻村を訪れていました。夏休みを利用しての一〇日間あまりの滞在でした。いかにも昔の学生らしいスタイルの活動でした。

詳細は省きますが、トムラウシ地域は酪農地帯。戦後開拓農村で、その多くが樺太からの引き揚げ者であったところです。開墾した畑作からはじめますが、一九六〇年代に酪農へ転換します。各酪農家はしだいに乳牛の頭数を増やし規模を拡大します。牛舎を立派にし、搾乳を手作業から機械を導入し機械化し、大きな近代的なサイロを建てていきます（莫大な施設運営費！）。その過程では、いくつかの共同経営も試みられました。

私たち学生の目からみて、それは、しかし、「ゴールなき多頭化」に思えました。雪だるま式に増える（孫子の代にまで続く）借金。これが何よりの大きな矛盾と感じました。北海道の各地ではこの頃離農が相次ぎ、搾ったばかりの牛乳を酪農民が捨てる光景がニュースで放映される時代だったのです。

私たち学生は、二〜三日の援農を申し出て、農家にそれぞれ泊らせていただきました。できるだけ農家の方々と同じ生活をするようにしました。朝は、五時頃には起き出し、夕方二回目の搾乳を終えて、一緒に食事をとります。親父さんと一緒に焼酎を飲んで、よく話を聴くようにしました。五右衛門風呂も経験しました。

私たちは地域の学校にあまり関心を示しませんでした。まずは地域の課題を知ってからという考え方があったからです。

私たちが最も力を入れて取り組んだものは、農家の複数の青年と校長先生と私たち学生の三者による学習会でした。村の公民館を借りて行いました。「総合農政」「乳価決定のメカニズム」などをテーマにする学習会でした。学生が作成したレポートを中心に話しあいをもちました。

全国各地で展開された農民運動の成果の勉強を通して、私たち学生にもできる何かがあるだろうと考え出されたものでした。視点は最初、農民の政治意識の形成におかれました。私たちの意識の底には、労・農・学連帯という思想がありました。「農民は意識の遅れた存在であり、労働者とともに進むべきであり、学生はそれに連帯し知的に貢献しリードする」という認識があったろうと思います。今思うと思い上がった考え方が隠れていたように思います。やや恥ずかしい話ですが、しかしまじめにそう思っていたというのが正直なところです。

乳価は米価と比べ不安定で、酪農民は労働に見合う賃金を得ていない。酪農民は差別されたまま、一方で、米国から安い乳製品が次々と輸入され、日本の酪農民はますます不利な状態におかれる。酪農民の苦境をよそに、雪印や明治など大企業は着実に利益を上げている。そのカラクリは何か。しかも、農業協同組合（農協）は酪農民の味方にはなってくれない。こうした認識と疑問が私たち学生の間に形成されていきました。やや態度が先鋭化（＝政治主義化！）するのも仕方なかったかな、とも思います。

しかし、学習会の回数を重ねるうちにだんだんと考え方に変化が生まれ、農民（＝酪農民）は生産の主体として農業をささえ、地域の主人公となっていく、その過程で政治的教養を培うという考え方が徐々に深まり、話し合いはもたれてきたように思います。学習会はまた、教師の地域における役割を考えてみる場ともなりました。

「これまで考えなかったが、俺たちは最底辺で頑張っているのだな」（青年）、「あまりに差別され不利な立場だ」（農民）、「牛飼いをこのままやっていけるのだろうか」（青年）、「成功例をもっと調べてきてほしい」（校長）、「一緒にやっていこう」（教師）、「無学ではいけない」（青年）、「勉強しなくては」（青年）等々。

農家の方々の大変に謙虚なものの言い方も手伝って、学習の大切さ、切実さが、私たち学生にもよくわかったような気になりました。私たちはこの体験から自分たちの勉強における態度とはどうあるべきかを考えさせられました。五感で感じて、というふうに。

酪農民が日々生活している避けて通ることのできない問題を問題としてつかみ、学習を通して改善していこうとする姿が心に深く残りました。生活に密着した学習意欲であったろうと思います。それは「学ぶ」ことの本当の意味を問うという新鮮な体験だったように思います。農業・農民問題はその当事者にとって深刻で、生き続けていくことの根本的な問いかけでした。私は、トムラウシという北海道の典型的な戦後開拓農村という風景（牧歌的な景色というにはかなりかけ離れた、雄大で険しい大雪山山系を遠くに見る！）の中で、学ぶことの人間にとっての意味を少し体験できたように思います。

私は、このようにして「地域と教育」の体験的な学びをサークル偏研で得ることができました。いま、思い返せば、私は次のような文献を薄暗いサークル室であれこれ読んでいたように思います。

千野陽一　「農民運動と教育運動」、『講座現代民主主義教育5』青木書店、一九六九年。

「社会教育民主化の理論」『日本の教育　9　社会教育』新日本出版社、一九七五年。

藤岡貞彦　「住民運動と教育運動」、『教育』一九七二年一〇月号。

「教育要求の水路」、『教育』一九七三年一一月号、「地域教育運動は何を問うているのか」、『教育』一九七四年一二月号。「地域農業の展開と農民運動」、『北大教育学部紀要』一九七三年、「農村社会教育」、『日本の教育　９　社会教育』前掲、などなど。

一つだけ紹介します。

山田定一

「こうした農民の状態が、一方で、まさしく貧困化の精神的・文化的側面として、一部に諦観、無気力の状況を深めつつあるが、他方、みずからの社会的・経済的状態を科学的に認識し、主体的努力によってそれを克服しようとするかまえを強めさせている。」（山田定一、一九七五年）

私は、北海道の開拓農村の風景に貼り付いた農民の生きる姿と思想に触れて、研究の途に進もうかなと考えたのだろうと思います。それは、一九七〇年代半ばの、ある独特な高揚感の残る政治的で社会運動的な雰囲気も手伝っていたことでしょう。

北海道の僻村の、開拓村の過酷な労働の現実と、そこに生きる農民がどのようにして学びの契機をつかみ成長の実感を得るのか。それとともに、一日の労働を終え、美味しそうに焼酎を飲む親父さん方と何気ない話ができたことが忘れられません。酪農に休日はなく、一日二回（朝と夕方）必ず搾乳をします。家族で数日遊びに出ることは許されません。そうした労働を知ることでもありました。ぼんやりとしたこの認識をさらに深めてみたい。私は、このようにして人間と風景の思想を考えはじめていたように思います。

第二節　夕張のこと、レーニンのこと

もう少し、北海道教育大学時代の学生の頃にこだわって、その頃、何を思って生きていたのか、その点の続きを述べてみたいと思います。

（1）「夕張の怒り」と「夕張のこころ」

私は、一九五四年に炭鉱の町、夕張で生まれます。十勝の大雪山山系トムラウシの酪農地帯は忘れられない景色となっていますが、もう一つ、生まれ故郷の夕張の風景もまた、北海道を代表させてよい景色の一つであって、私自身、忘れがたいものなのです。狭い谷底から、山の斜面にはい上がるように広がる炭鉱長屋（炭住）に住む人々と、この炭鉱労働者とともに夕張に暮らした記憶も、地域と教育を考える大切な要因になっているように思えてならないのです。なぜか、大雪山山系の

シューパロ湖。左に夕張岳

トムラウシの風景が夕張の山々の景色を思い起こさせてしまうのです。少しだけ、触れさせていただきます。

私は、夕張市の清水沢に生まれ、清水沢小学校に通い、転校して、鹿の谷小学校を卒業します。千代田中学校に入学し、三年生の時（一九六九年）、空知平野の南幌中学校に引っ越してきました。いまは、もう、夕張では、清水沢小学校も、鹿の谷小学校も、千代田中学校も閉校となっています。現在は、ゆうばり小学校と夕張中学校が、それぞれ一つあるのみです。最盛期には、小学校二七校（正確ではないかも知れません）、中学校一〇校があったのですが……。

私は、炭鉱労働者の子どもと学校では席を同じにしていましたが、いっしょに遊んだ記憶はほとんどなく、彼らが住む炭住の中に入り込んだこともなかったのです。私は炭住から少し離れた公務員が暮らす住宅（父親が小学校教師）に住んでいました。炭住がどんな暮らしぶりなのか、まったくわかりません。ただ、外から眺めた記憶だけがあります。いつも炭住の子どもではない、町の子どもたちと遊んでいました。

夕張は両側から山がせまった細長い谷底の町です。その谷底のいちばん深いところに川が流れ、その上に道路が走り、市を縦断する鉄道があります。鉄道は、もとは石炭を運ぶために敷かれたものだったのでしょう。川と道路と鉄道と街とが、この狭められた細長い谷の地形のなかにぜんぶ押しこめられたところ、それが夕張でした（稲沢潤子『夕張のこころ』、大月書店、一九八三年）。少年になって、石炭のゴミを捨てる巨大な「ズリ山」がいくつもあることに驚き、谷底の川（シホロカ

冬の夕張川

ベツ川という）が、上流で石炭を洗うために、茶色よりも濃い色になって流れていることに気づきます（魚なんているはずもない！）。上流に近い鹿の谷に移って、それがよくわかる経験をしています。

駅舎近くに住んでいたので、コンクリートの白いブロック塀の住宅は、機関車がはき出す黒煙で、すっかり黒ずんでいました。しかし、それをあまり不思議がらずにいました。春先、秋口、そして長い冬の期間、エントツ掃除（煤《すす》がたまった煙突の中をはき出す）が子どもの大切な仕事の一つでした。

夕張は、一八九〇（明治二三）年に夕張炭鉱が開坑して以来、開発が進められてきました。戦時期は「石炭は銃後の守り」としてまつりあげられます。多くの中国人や朝鮮人が坑内労働者として強制的に連れてこられたと聞いています。私は、怠慢にも、そのことをちゃんと調べていないのです。終戦時、夕張には、朝鮮人労働者一万二〇〇〇人、中国人二〇〇〇人がいたといわれています。

戦後、人口、出炭ともに最高時は一九五八年で、そのときには市内に二四の炭鉱をもち、人口は一二万人を数えました。私は、夕張の最盛期に幼少年期を暮らしたことになります。戦後は、日本炭鉱労働組合（炭労）傘下の労働組合もでき、一九五八年には、炭労は賃上げ要求の無期限のストライキを決行するまでになります。

夕張といえば、炭鉱事故災害を抜きに語れません。大きな事故だけでも次のようなものがあります。一九六〇年二月、北海道夕張鉱ガス爆発、四二名死亡。一九六五年二月、北海道北炭夕張鉱ガ

1985年5月17日の災害に殉じた方々の南夕張炭鉱殉職者慰霊碑

ス爆発、六二名死亡。一九七九年五月、北海道三菱石炭南大夕張ガス突出・爆発、一六名死亡。一九八一年一〇月、北海道北炭夕張新鉱ガス突出、九三名死亡、などなど。このほかに、毎年、小さな労働災害で死亡するものが一〇名ぐらいいるといわれ、それは新聞記事にはならないとされるようです。六五年の事故は記憶にありますが、私が在学した鹿の谷小学校の同じ教室には、父親が事故で死亡した子どもはいなかったと思います。

炭鉱労働者の労働は、私の父親の教師の労働とは明らかに違っている。それは、子どもなりに十分に感じることができました。以下のような知識（認識の素地）はできていたように思うのです。

炭鉱の仕事は、一番方（午前七時から午後三時まで）、二番方（午後三時から午後一一時まで）、三番方（午後一一時から翌朝七時まで）の三交代制であること、地下深い坑内における労働はきわめて過酷であり（高温多湿の息苦しさと恐怖感）、しかも、条件は劣悪であり常に危険を伴う作業であること、死と隣り合わせであること。しかも、その過酷な労働に見合う賃金を得ているとは思えず、その暮らしぶりは教師の生活よりは安定せず、全体として貧しいように思われたこと、などです。

私は、ずっと後になって知る言葉ではありますが、これに共感することができるのです。

「掘りだされる石炭は、ただの石炭ではない、ほかならず汗と血と怒りがきざまれて地中からあがってくる石炭だ。」

（稲沢潤子『夕張のこころ』大月書店、一九八三年）

夕張の、地の底の笑い歌。

「夕張　食うばり　板ばかり　ドカンとくれば　死ぬばかり。」

（同前）

私は、夕張について、勉強せずに今にいたっておりますが、夕張炭鉱の労働者がいかに過酷な労働と生活を強いられたのか、あるいは、企業の側の保全整備がどれほど人命を軽視するものであったのか、さらに、政府がいかに石炭産業を使い捨てにしたのか、などへの関心が少なからず形成されたことは確かなのです。炭鉱労働者の「汗と血と怒り」、すなわち「夕張の怒り」は私の中にも共有されました。

しかし、それとはもう少し違う別な夕張への思いがあったと思うのです。それは、後になって、稲沢潤子のルポルタージュ『夕張のこころ』を読んで、はっきりとそう思うようになるのです。つまり、こうです。

炭鉱労働者が命をすり減らしながら、しかし、たくましく暮らしていた、そういう人々と町の雰囲気の中にいっしょに生きさせてもらった感謝と敬意であり、ともに生きた誇りのようなものなのです。私は、「夕張の怒り」と「夕張のこころ」、この二つを知る必要があったのだと思うようになりました。

夕張は盆踊りがはなやかだったし、山のてっぺんまで炭住がならび、炭住街はやっぱり寂しさをさそってその夜景は美しかった記憶があります。山あいの春の訪れは遅かったのですが、その分、草花の咲く匂いがとどくときは、子ども心にもとても気持ちがよかった気がします。私は、そういう狭い山あいの斜面にへばり付いて生きてきた炭鉱労働者の人々とともに暮らしてきたし、その町に育てられた、という感覚が残っています。

以下は、稲沢の『夕張のこころ』にある、東京から来た労働者の妻が夕張に来てよかったと話す一コマです。

「炭住では子どもが育てやすかった。近所の人たちが、自分の子も他人の子も区別しないで、みんなわが子のようにかわいがってくれる。自分の家で手が足りないとき、隣りの人が子どもを共同風呂に連れていってくれるし、よその家に遊びに行っても、どの子がその家の子で、どの子がよその子かぜんぜんわからないくらいに、遠慮なくなかよく遊びまわっている。」

炭鉱を離れた元炭鉱夫の妻は言います。

「炭鉱はつきあいに、金かかるの。子ども生まれれば集まるし、餅つきなんか四〇キロつかなければわらわれる。男の人が長屋じゅうついてまわって、餅をかえす役もみんな男がやる。女の人は、ついた餅をまるめる役。長屋じゅうついてまわって、終わればどんちゃん騒ぎさ。すっごくごちそうするの、正月の餅だって、少しばかりをこそこそついてなんていられないのさ。その餅、三月まで食べるの。雪が降るから、桶に入れて雪の中に入れておいて、好きなとき出して食べる。天然の冷蔵庫。つきたての餅みたいにおいしいよ。」

私は、じっさいのところ、こうした炭住の子どもたちの遊びに加わったこともなければ、餅つきの賑やかさを体験したわけでもありません。ただ、こうした関係性を生みだすことのできた人々のすぐ近くに暮らしていたということです。同じヤマで暮らし、ヤマの地中深くもぐる友人の安否を何よりも気遣う労働者魂の存在に気づいてもいたし、触れてもいたということです。私には、なにか、これは炭鉱の暮らしを知らない人々に誇ってよい尊い経験であったように思うのです。

夕張には、たしかに、底抜けの善意と家族や仲間に対する愛情が、あったように感じるのです。炭鉱労働者の生活とは離れた場所にいながらも、それを感じることはできました。そして、その体験は今の生活にあきらめずに、現実を変えていく根源的な力になっていく、そのような可能性をひょっとして潜在させているのではないのか、と時々思うようになりました。

これは、大学時代に大雪山山系の酪農地帯の風景を見やりながら、その思いは夕張での記憶へとつながり、徐々に深まっていった認識であったように思うのです。

（2）「辺境の森」と抵抗の詩人ネルーダ

北海道教育大学時代、風景と人間の思想について、たまたま考えたことで、さらに、みなさんに話してみたい二つのこと（人物）があります。一つは、チリに生まれノーベル文学賞を受賞した革命詩人パブロ・ネルーダのことです。

大学に入って、学生がこんなにも政治課題に向き合って議論をするものか、という驚きを受けました。私が入学した時（一九七三年）は、筑波大学法案への反対が盛んに議論されていました（九月二五日に法案が成立）。同じ九月の一一日、チリで軍事クーデターが起き、チリ民衆に幅広く支持を受けていたアジェンデ大統領が殺される事件が起きました。日本の学生らは、この軍事クーデターに怒り、すぐさま抗議の集会（デモ）などを起こしていきます。事件は、一九七三年の、「9・11事件」として人々の記憶に残っていきます。筑波法案反対闘争とチリ民主政権にたいする軍事クーデター抗議活動はこの年の重要な政治課題でした。

経済学者の神野直彦さんは、この「9・11」を次のように後になって説明しています。

「反市場主義的な政策を唱え、民衆の支持を集めていたチリの大統領サルバドール・アジェンデが、一九七三年九月一一日、ピノチェット将軍が率いる軍のクーデターによって惨殺された。このクーデターには、アメリカの諜報《ちょうほう》機関ＣＩＡの関与が指摘されている」「民衆によって選ばれた一国の元首が、アメリカを後ろ盾とした卑劣な暴力によって、その職から引きずり降ろされてしまう。アジェンデを惨殺し、大統領の地位を手にしたピノチェットは暴力的な独裁政権を確立し、新自由主義の政策を推し進めていくことになる」。

（『分かち合い」の経済学』岩波新書、二〇一〇年）

新自由主義政策は、一九七三年、ここチリの国から暴力を伴って開始されたのです。こんなふうにして新自由主義政策は人類史に登場してきたのか、という驚きです。これは、しかし、私の後知恵です。一九七三年の時には、そんなことは何も知りません。ただ、軍事暴力によって民衆に支持を受けていたアジェンデ政権が無残に倒された、それは許されないことだ、ということだけが知り得たものでした。

私は、筑波法案強行採決とチリの軍事クーデターに反対する集会に、その後も参加していきます。そして、そのときに知ったのが、詩人パブロ・ネルーダでした。アジェンデの政策を支持し、アジェンデの惨殺にはげしく抗議するネルーダとは、いったい、どんな人物なのか。その詩集を買いもとめ、読んでみました。

ネルーダのこんな詩に目が止まりました。それは私を驚かせました。革命詩人といわれた人には一見似つかわしくない、こんな詩が並んでいるのでした。

「わたしが最初に見たものは　木木であり／野生の美しい花花に飾られた谷であり／じめじめと湿った大地であり／燃える森であり／この世のうしろから押しよせてくる冬であった／子供の頃のわたしの靴はびしょびしょに濡れていた／森のなかに折れて倒れた木の幹は／蔦《つた》にからまれ　こがね虫に喰われていた　……」

（『大いなる歌』、大島博光訳）

ネルーダは、森のなかで過ごした少年時代の生活・自然を、みずみずしい感性で描いているのです。ネルーダは、『回想録』で次のようにいいます。

「辺境の大地はその根っこをわたしの詩のなかに張りめぐらし、わたしの詩からその根っこを抜きさることはなかった。わたしの生涯は絶えず出かけては、絶えず南部の森へ、辺境の森へともどってくる長い旅であった。」

（大島博光『愛と革命の詩人　ネルーダ』国民文庫、一九七四年、など）

私は、抵抗の詩人が、自らを育てたものは自然の大地であったと言っていることが、ひどく重要な発見のような気がしました。抵抗と革命の精神は、じつは、自らを育んだ大地の根っこを愛することにこそあったのだ、ということなのです。

一九七三年のチリの軍事クーデター（9・11）は、新自由主義政策に結びつき、その後、チリに経済的格差と混乱を惹き起こすことになっていきます。新自由主義思想と軍事暴力の二つを真に批判するためには、ネルーダの詩に学んで、辺境の大地にその根っこを張って人間の精神を回復する、そのような風景の思想が必要なのかも知れないと、いま、思っています。人間への不信と競争を至上原理とする新自由主義をこえるためには、風景の思想の力を借りることが、じつはとても大切なのではないのか、と考えているのです。

（3）「ロシアの大地」と革命家レーニン

もう一人は、ロシアの革命家、レーニンです。

私の卒業論文は、「レーニンにおける人民の国家統治の思想」を教育学の課題として考えてみる、というものでした。なぜ、このテーマにしたのか。

それは、社会を変革するということは、市民一人ひとりが社会と国家を自分たちで統治する能力を形成することではじめてそれは真に果たされる、という教育学者・五十嵐顕の言葉に強く影響されたからでした（五十嵐顕編『レーニン教育論』大月書店国民文庫の「解説」、一九七三年）。

ここでは、恥ずかしい私の卒業論文の内容に立ち入らないで、一つだけ、レーニンが見せたロシアの大地への思いをみなさんに紹介したい、と思います。長い過酷な亡命生活を余儀なくされたレーニンが見せた、ロシアの大地への思いと、ロシアの変革を展望したレーニンの語りということです。

レーニンが、亡命の最中、ロシア革命（一九一七年の二月革命と一〇月革命）の少し前、一九一六年一二月一八日、チューリッヒからスイスのクラランに住む親しい友人のひとりイネッサ・アルマンドに送った手紙の最後に、こういう一文を書きます。

「二伸。ところで、スキーをやっていますか？　ぜひおやりなさい！　スキーをならって、山にもおいきなさい――かならず。冬の山はすばらしいですよ！　そのすばらしさはロシアのような気がしますよ。」

（『レーニン全集』第三五巻）

レーニンは、その一週間後の一二月二五日に、ふたたびアルマンドへ手紙を出します。「民主主義のためにたたかわなければ、社会主義革命は不可能である」と。

民主主義のためのたたかいと社会主義のためのたたかいを統一しなければならない、というレーニンの考えが示された手紙を読むことができたことは、私個人にとってとても重要なことでした。これは『国家と革命』（一九一七年）にとって重要な主題の一つでした。しかも、その同じ手紙の宛先人に、山に行ってスキーをやりなさいと勧め、自らロシアの山々（大地）を思い出している、と個人的な心情を吐露しているのです。

私は、レーニンのアルマンドへの手紙に大切な問題が隠されているように思ったのです。

人間は、自ら育てられ、何が大切な価値あるものかを教えられたその地の記憶を頼りにして、自らの体験を思い起こし、現在の変革の可能性を推し量ってみる、という考え方をするのではないでしょうか。記憶の中の風景に自分を置いてみて、思考を深め鍛えてみる。価値ある風景を思い起こし描くことで、現状の変革を知的に（＝科学的に）見通すという、そのような精神の作業を行っているように思うのですが、いかがでしょうか。レーニンは、スキーを滑りにアルプスの山に登り、そこでロシアの山々を思い起こし、ロシア革命の変革の展望と課題を考えている。これは、偶然のことではなく、変革の意思は風景の記憶を呼び起こす精神の作業をともなうことなのではないのか、ということなのです。ネルーダの詩、そしてレーニンの『帝国主義論』（一九一六年）や『国家と革命』（一九一七年）を読んで、私はそれをどこかで感じていたのでした。レーニンの社会主義論に、風景の思想は主要課題にはなり得ないと思うのですが、人間の形成・教育と社会の変革というテーマで、レーニンの思想を検討する場合、アルマンドに送ったレーニンのロシアの大地の語りは、何か大切な問題がはらまれているように思えてならないのです。

第9章　恵那の生活綴方と「なつかしさの教育」

第一節　恵那の教育との出会いと「なつかしさの原理」

私は、一九八〇年に、東京都立大学大学院の教育学研究室に入学します。坂元忠芳ゼミでは人間発達の思想と恵那の生活綴方《つづりかた》教育を学びます。ここで「地域と教育」の個人史的試論を書く上で重要となってくるのが、坂元ゼミの恵那の調査旅行ということになります。

その頃、坂元ゼミは、毎年、恵那の生活綴方教育を学ぶ調査旅行を行っておりました。学部のゼミ学生と一緒で、にぎやかでした。私は、その一人として、参加することになります。大学院博士課程時代、さらに助手時代と数は少ないのですが、一緒に参加させていただいております。

大学院のゼミでは、ヘーゲルの『精神現象学』（一八〇七年）を読んでいました。それは、人格と能力の発達に関する個体史的・精神史的考察というねらいであったろうと思います。私は、そのほか、坂元ゼミを理解するために、できるだけ坂元さんの論文や著作を読むように努めていました。『子どもの能力と学力』（青木書店、一九七六年）、『子どもの発達と生活綴方』（青木書店、一九七八年）、『学力の発達と人格の形成』（青木書店、一九七九年）、『教育実践記録論』（あゆみ出版、一九八〇年）、『子どもとともに生きる教育実践』（国土社、一九八〇年）、『教育の人民的発想』（青木書店、一九八二年）、『現代の子どもと生活綴方』（青木書店、一九八五年）、などなどを読んでおりました。

私は、恵那の生活綴方教育を中心に坂元さんの学力論・人格論を学んでいたことになりますが、いま、ふり返って思うことは、「地域と教育」に関する私なりのあるこだわりの形成というものがその学びの過程にはあったな、ということであります。恵那の地で、私は学力論や子ども論とともに、地域と教育について、何ごとかを深めたい意識にとらわれていたということです。それは、じつに単純なことなのですが、こういうことです。

（１）神坂小学校の、ある風景

一九八〇年に、私は初めて恵那を訪れました。一つの忘れられない風景があります。ゼミのメンバーは、当時、丹羽徳子先生がつとめておられた神坂小学校を訪問します。神坂小学校は、山あいにポツンと静かに立つ木造二階建ての学校でした。そんなに広くはない校庭・運動場がありました。神坂小学校は、おそらく日本のどこにでもありそうな山あいの学校、そのようなたたずまいを見せ

馬籠宿

ています。その神坂小学校のそばには、島崎藤村の生家がある馬籠宿《まごめ》（木曾十一宿の一つ）があります。私たちはそこへも出かけ、旅籠《はたご》や土産物店の軒先を回り楽しみ、しばし遊びました。そのとき私はある感慨のようなものを得ていました。それはこういうことでした。

私は、『夜明け前』の主人公が江戸に向かうとき、おそらく丘の上から村全体を眺めたと同じようにして、この馬籠から恵那の遠くの景色を楽しんでいたのでした。全体を見はるかして、恵那の風景のなかに自分を置いて自分の生き方をふと考えてみる。そんな精神的な行為を行っていた、たしかにそのようなことをしていたように、いま思い返します。それはどこかで体験したような、あるなつかしさの感覚ともいえるような風景の自覚でもありました。

風景のなかに自分を置く（長田弘『なつかしい時間』岩波新書、二〇一三年）、それが人間の精神に何事かをもたらす。私は、このとき、この風景の作用を直観していたのではないかと思うのです。

なぜ、風景の作用が感じられたのか。それは、丹羽徳子学級の子どもたちの生活綴方を読み解くというゼミ合宿（新茶屋という旅館）の勉強会があったことと深い関係があるように思うのです。ゼミのメンバーとともに、生活綴方を介して丹羽学級の子どもたちの内面をあれこれと探求してみる。もしかして、そのような自分であったからこそ、神坂小学校や馬籠の風景を自覚することができたのではなかったか、と考えてみるのです。子どもの生活綴方の読解と恵那の風景の自覚がいっしょになってくる。それはどこかできっと重なっている。

子どもたちの内面を探らなければならない。そのような深い学問的な探求を要求する生活綴方を、子どもたちに書かせることのできる人間の生活がこの風景のなかに宿っている。丹羽徳子というすぐれた先生を生みだす地域の教育力がこの風景のなかに隠されている。私は、漠然としたこのような考えに支えられていました。馬籠の丘の上で、風景のなかに自分を置いて人びとの生き方を感受してみよう、という試みをしていたように思うのです。

それにしても、私はなぜ恵那の風景をなつかしく感じたのでしょうか。初めての土地を訪問したというのに。それは、人間（子ども）の内面を解かずにはおかない、そうした生活綴方を生みだすことができた、その地であることと深い関係があるものと思われます。なつかしく感じられた土地だからこそ、生活綴方を生みだすことができた。私が得た風景の作用には、そのような理論問題があったのだろうと思います。

私は、このような問題をひそかに抱えながら、未解決のまま、いまに至ってきました。そこで、あらためて、坂元さんがこの問題をどのように考えていたのか、ふり返って勉強してみました。たくさんの生活綴方論があるなかで、私が抱いたような問題（生活綴方と風景の関連）を坂元さんはどこかで論じていないだろうか。

その点を次に述べていきたいと思います。

（２）　恵那の共同性について

私の地域と教育（風景と人間）に関する直観的な理論問題に応える坂元さんの論文はなにか。それは、「未来を語る生活綴方」（『恵那の生活綴方教育　別巻３　生活綴方・恵那の子』草土文化、一九八二年。『現代の子どもと生活綴方』にも所収）です。

坂元さんは、一九八二年に、一九七〇年代の恵那の生活綴方教育をまとめる事業として刊行された『恵那の生活綴方教育』全八巻（草土文化）の解説論文として、「未来を語る生活綴方」を書いています。一九七〇年代の恵那の生活綴方教育を総括する論文で、坂元さんは、「地域の共同性」という問題を取りだします。その語り口と言葉遣いによく注意をはらって見ていきましょう。

坂元さんは、「いくども恵那の地を訪れた私は、この地域の綴方運動にたいしてずっとひとつの感想をもちつづけてきた」とし、「一口にいえば、この運動の底に流れている、地域の共同体づくりの理念の質をどう捉えたらよいか、ということであった」と述べています。生活綴方運動の底に流れている共同体づくりの理念とはいったい何を指すのか。坂元さんは、「なつかしさ」を誘い出す共同体という表現を使って、これを論じています。私は、ここに注目するわけです。少し長い引用になりますが、じっくり読んでみてください。

「いま私は地域の共同体づくりといったが、一度でもこの地を訪れたものならば、ここには、私たち日本人がとっくに失ってしまったような、あるなつかしさを強くさそい出すような、人間的ふれあいが残っていることに気がつくだろう。恵那の綴方運動のなかには、こうした人間関係の素直さ、温かさ、一種のはじらいまでになったけんきょさ、さらには、そうした素朴さの奥に、運動を持続する強じんさ、ねばり強さ、そして、したたかさが感じられる。つまり、総じて、そうした運動の集団性のなかにある共同体的なもの―私たち日本人が子育ての何千年もの歴史をとおしてつくりあげてきたある核心的なものの受け継ぎが、この地域では、親と子ども、教師と子ども、そして地域の人びととの関係のなかに具体化されているのを感じとることができるのである。」

（三一一〜三一二ページ）

私は、坂元さんが「あるなつかしさを強く誘いだす」恵那の地域の共同性を取りだした点に注目したいのです。幾度もの恵那訪問で感じたのは、この「なつかしさ」であったわけです。このなつかしさこそが共同性に由来し、共同性の実在を根拠づけ、そして生活綴方教育運動の底を流れる理念のありかを示すものだった、ということです。坂元さんは、恵那の風景になつかしさを感じ、その重要な意義、つまり共同性を発見し、生活綴方教育を支える理念を指摘しているのです。

この共同性にまつわるなつかしさは、恵那を訪れたある人びとによっては、坂元さんとは違って、肯定的には考えられず、「古い農村共同体の残照のようなもの」に映ってしまっていたと坂元さんは述べます。古い共同体の残照。やがては解消すべき、克服すべき古い共同体に残る人間を縛る慣習のようなものとして恵那を批判する考えです。それとも、このなつかしさは、今後に生き残っていくべき運動を支え持続する強じんな人間関係となるべきものかどうか。

この問題は、綴方教育の未来を語るうえで、きわめて重要な論争的な理論問題になるものと思います。坂元さんは、注意深い論述を行っています。理論問題にこまごまと深入りはしませんが、坂元さんの結論だけを言い直せば、こうなります。

なつかしさをともなうこの恵那の共同性は、けっして古い農村共同体の残滓《ざんし》であると単純に決めつけることはできない。むしろ、真に未来を見とおす新しい共同性の萌芽を含んでいるものなのではないのか。「素朴な古い共同性の残照だけをシニカルにみる人は、生活綴方の現代的意味を永久にとらえることのできない人だろう」。

かなりきびしい表現を使って坂元さんは、残照論を批判します。

恵那の人びとがつくり出す共同性は、自然的共同体の残照ともみまがう文化の共同性の雰囲気をつくり出し、維持させているかも知れないが、大事なことは、それは自然的な現象などではなく、実は民主主義的な教育のための、日を継ぐ大変な努力の結果として生み出されるものだとするのです。子どもたちの資本主義的秩序からの解放は、かつての古い共同体への後戻りや郷愁ではなく、個性と個人の開花を前提とした新しい共同体をわがものにしていく過程でなければならないとします。なつかしさはかつての古い農村共同体への単なる郷愁ではなく、新しい共同体を生みだす萌芽を含んでいると述べるのです。

坂元さんは、なつかしさそのものを否定してはいません。なつかしさを古い農村共同体に安易に結びつけるのではなくて、むしろ、なつかしさを感じさせる地域の共同性そのもののなかに実は新しい共同性を呼びだす力が存在している、ということをいっているのです。なつかしさとは、単なる過去への郷愁ではなく、未来に生きる積極的な意欲に転じると捉えているのだと思います。

私は、坂元さんの数ある生活綴方論文の中で、こうした指摘のあることにホッとさせられ、自分の直観（恵那の風景へのこだわり）がそんなに的外れではないと少し自信を持つことができるのでした。

（3）「懐かしさの原理」（石田和男）

私は、坂元忠芳論文「未来を語る生活綴方」における、なつかしさと共同性に関する理論問題の重要性を取りだしてみました。それにしても、なぜ、坂元さんは、なつかしさを共同性と結びつけて論じようとしたのか。それにはそれとしての理由があったように思うのです。

恵那の生活綴方運動を戦後長い間リードしてきた石田和男さんが「懐かしい教育」を論じていたからです（石田和男「ありのままの教育と生活綴方」、一九七三年、前掲『恵那の生活綴方教育』所収）。

私は、石田さんのこの「懐かしい教育」論が、ずいぶんと坂元さんに影響を与えているように推測しているのです。

子どもの内面をどうつかむのか、この問題に多くの発言を行ってきた石田さんが、恵那の教育運動に触れて「懐かしい教育」という問題を論じていることはとても注目すべきことだと思いました。石田さんは、教育がありのままの精神を貫いたときなつかしい教育として人びとの記憶に残る（九一頁）、と述べていました。「懐かしさの原理」を説いていたのです。

一九七二年、恵那の生活綴方教師は、中津川教育文化展覧会（「教育百年展示会」）の開催に積極的に取り組みます。この年は、一八七二（明治五）年の学制発布からちょうど一〇〇年、一九四七年教育基本法から二五年、という年にあたりました。庶民の目から、地域の立場から、教育を考える企画であったようです。石田さんは、この展覧会を訪れた多くの人びとが「懐かしいね」という感想をもらしたことに注目したわけです。

人びとは、記憶を呼び起こすさまざまな展示品をみて、なぜ、なつかしいと感じる展示品の前でたたずむのか。なつかしいものとそうでないものとの区別は、どこから起きてくるのか。石田さんは考えます。

石田さんは次のように「懐かしい」という感情問題を解いていきます。

「結局、学校と生活が結びついていたものだったと私たちには判断できました」。

石田さんは述べます。それは小さいときに自分の生きていた現実の生活とかかわった事物だからこそ感じることなのです。頭からたたき込まれたのではなく、実際に具体的なものを使ったりして得られたこと、それから、ひとりではなく、みんなと一緒になってやった仕事の中で得られたもの、あるいは、自分の生き方に関わったもの、このことがわかることによって自分が生きていく上で非常に大きな意味をもったもの、だったからです。あのときにああいう目を開かされたので、それで自分は間違わなかったとか、あの時、ひどい目に遭ったけれど、あれで自分は生き方が変わってきたといったような、要するに、自分の生き方に関わっているもの、そういうものを媒介にした事物などなど。それらが〝懐かしい〟と思われるのではないでしょうか。そうでないものは、立派だとか、めずらしいとか、すばらしいとか、という感情を伴った感想になるのではないでしょうか。石田さんはそのように述べました。

石田さんは、それを「懐かしさの原理」ととらえ、学校と生活とがほんとうに結びついているところこそ、なつかしいと感じると述べています。そこに教育力が準備されていた。それこそが地域に根ざした教育なんだとしみじみ感じました、としていました。

これはあきらかに、なつかしいという感情の積極的なとらえ方になると思います。恵那のさまざまの風景や展示物から感じとることのできる「懐かしさ」とは、一人ひとりの生の充実が存在していたことを裏付けることだったわけです。一生懸命に生きていたからこそ、なつかしさを感じることができる。だから、なつかしさの中には、未来へと生き抜く力の存在を予感させる、そういうもものの胚胎《はいたい》を感じさせることでもあったのです。石田さんがなつかしさに教育力をとらえようとすることも、そうした意味合いであったろうと思うのです。

石田さんは、なつかしさがいっぱいあることは、一生懸命生きてきたことになるのだといいます。何十年か後に、なつかしさが何もないとしたら、そのとき、学校なり教育は、一生懸命生きさせることとはまったく無縁のものだったことになる。学校が無力であったのかどうか、それはなつかしさの存在如何《いかん》にあったというわけです。

だから、なつかしさを感じることは、いまを、精一杯に生きているのかどうかを問い返すことでもあります。なつかしさを感じるということは、かつてあった生の充実を呼び戻すということでもあるのではないでしょうか。

石田さんの「懐かしさの原理」には、個人を押しつぶす古い農村共同体の残照などという否定的な解釈を与える余地をもちません。生活と教育がしっかり結びつき、人びとが精一杯に生きて生の充実を楽しむ時を経たとき、なつかしいという感情が形成されることになります。私たちは、そうした風景をなつかしいと捉え、そこにたしかな人びとの教育力の存在を確かめているのです。

石田さんは、「現在の教育はこれから、何十年かのちに、なつかしさに満ちあふれることができているのでしょうか」と問うています。石田さんは、「懐かしさ」を呼び起こす教育こそ「ほんものの教育」であると述べていたのです。（「教育百年記念祭への二つの便り」一九七二年、『石田和男教育著作集　第三巻』花伝社、二〇一七年、所収）。

一九七二年の中津川教育文化展覧会への生活綴方教師の取り組みは、生活綴方教育を生みだす恵那地域の教育力への自信を裏付けることでもあったのです。

恵那の風景に貼りついたなつかしさに、精一杯に生きた根拠を見いだし、生活と教育のしっかりとした結びつきを確認し、未来への見通しを得る。そのような生活綴方論が、坂元さんに、そして、石田さんによって書かれていたことを、いま、あらためて知ることができたように思います。大学院時代からずっともやもやしてきた問いでしたが、ほんの少しだけ霧が晴れたかな、というところです。

地域と教育の関係を風景を通して論じるというやり方が、生活綴方教育論においても可能だったと思うのですが、どうでしょうか。

第二節　地域に根ざす教育を考える

(1)「未来へのなつかしさの思想」(坂元忠芳)

坂元さんの恵那の生活綴方教育論についていえば、やはり、二〇〇〇年に刊行された戦後の恵那の生活綴方教育をまとめた『「恵那の教育」資料集――ほんものの教育を求めつづけて』（全三巻、桐書房）の解説論文「恵那の教育実践」に触れなければならないでしょう。かなり大部の論文であり、子どもをつかむ、という理論問題に相当の枚数を充てているものですが、ここで坂元さんは、恵那における地域に根ざす教育実践のとらえ直しと「未来へのなつかしさの思想」を論じています。未来へのなつかしさの思想！　坂元さんは、地域に根ざす教育運動を展望するときに、未来へのなつかしさの思想形成が重要な鍵となる、と大胆な総括を試みています。

なつかしさを感じる資質の重要性を論じ、それを過去の共同にたいしてだけでなく、未来の共同にたいして感じ取る感覚としてつかみ直す問題提起を行っています。それこそは、現在の分裂的子ども＝人間像に対して、個の自覚を基礎にした新しい共同的子ども＝人間像の確立であるとしています。

坂元さんが、地域の共同性問題を、未来へのなつかしさの思想の形成において発展的に論じようとした点は注目すべきことだと思います。

坂元さんは、今後、地域に根ざす教育の課題を語るうえでは、「両価性の自覚」が重要になると説きます。すなわち、ひとつは、地域の農村共同体の変化、つまり日本的農村共同体における「つきあい」の解体・変質と民主的回復という両価性です。もうひとつは、資本主義経済成長によって生じる競争的・排他的な学力要求と市民社会の成熟に伴う人権意識の自覚という両価性、です。

この説明の箇所は、率直なところ私には少し理解がむずかしいのです。正確さを期するために、坂元さんの記述をそのまま引用します。少し、長くなります。

「たとえば、中津川市の川上の地域に伝わる恵那文楽が続けられ、それと関連して地域の文化に根ざした川上分校の教育実践がずっと継続されている。恵那が地域に都市と農村を抱え、しかも近江絹糸や三菱電機など近代工業をもつ日本の地方都市の典型的側面をもっていたことは、一方で、地域の農村共同体の変化とその民主主義化とそこでの住民の生き方が常に問われながら、他方で資本主義社会を生きていく『学力』要求が戦後早くから発生していた基盤を示している。それは高度経済成長によってじょじょに作られていった地域における『市民社会』がもつ基本的矛盾とも関連する。一方で、個人の人権が自覚されていくとともに、他方で、戦前からあった日本的農村共同体の『つきあい』の側面をこの地域はもちつつ、資本によって意識的・無意識的に決定されざるをえない学力要求もまた親の教育意識の競争激化のなかで胚胎していった。恵那で『生きる力』を言う場合、この両面を含んで矛盾は進行していったと言うべきである。だからこのことばが現在『新自由主義』を唱える政府・財界筋から出されている事実を、そうした矛盾のなかで見直し、その本質を見まちがえないようにしたい。」（一四一ページ）

「生活綴方における学習の共同もまた、そうした矛盾と両価性（アンビヴァレンツ）の自覚を最初からもたざるをえなかった。」（一四一ページ）

「その意味で『恵那教育会議』（一九五八年結成。勤評闘争における国民的基盤を獲得したとされる

——引用者注）は必然的にそうした両価性を歴史的にもたざるをえなかった。それは教育と文化の面からする、政治の偏向介入に対する民主的機能を地域に確立する組織的努力だった。それは教育を『お上が決定することではない』とする精神に貫かれていた。」（一四二ページ）

坂元さんは、真の地域共同は、市民社会における個の自覚（基本的人権の尊重）がなければ不可能であると強調します。同時に、ここが私にとって大切な論点となるのですが、坂元さんは、恵那教育会議にはらまれた「地域寄り合い性」という側面を重視していることです。個の自覚（基本的人権）とこの「地域寄り合い性」との不可分の関係、両者の重要な意義を論じているわけです。

この両価性にたいする坂元さんの説明はむずかしいのですが、私は、坂元さんの指摘を以下のように読み解いてみたのです。

「個の自覚」は、「地域寄り合い性」に含まれる両価性の中に胚胎していると。競争と人間不信を原理とする新自由主義を超える個の自覚の思想は、この「地域寄り合い性」（つきあいの人間的凝集性）の中にこそ矛盾として存在しているということです。「そうした矛盾のなかで見直し、その本質を見まちがえないようにしたい」と。

坂元さんは、過去の教育実践の意義を「なつかしさ」に触れつつ、述べています。

一九七二年の教育百年展示会での場合でも、また父母の生活記録文集の場合でも、さらに外国との交流の場合すべてにおいて、「見知らぬ個人」との出会いがあったと述べ、その「見知らぬ個人」との出会いがすべて「なつかしさ」という感情を得ていたと述べます。「見知らぬ人やもの」にたいして「なつかしさ」を感じる資質は、現在の「分裂的子ども＝人間像」に対して、個の自覚を基礎にした新しい「同調的子ども＝人間像」の確立に通じる、というのです（「同調」というよりも「共同」的と表現したほうがよりわかりやすいかも知れないです――佐藤注）。

なつかしさを、過去に存在した共同的感覚にたいしてだけでなく、個を基盤にした未来の共同にたいして感じ取る感覚。この「未来への懐かしさの思想」。この思想は、先の両価性からしか発展しないと坂元さんは言います。未来へのなつかしさは、過去の共同、つまり地域の寄り合い性によって形成され、個の自覚を獲得した個人によってもたらされる、ということでしょうか。

なぜ、未来へのなつかしさなのか。坂元さんの意図を考えてみます。近年の地域の共同体の崩壊と関係しているように思います。すでに多くの人びとにとって、故郷は喪失しており、観念の中にしか存在しない、どこにもない場所となったのかも知れません。小学校や中学校の時間を共にした者たちが分けもつ記憶の中にしか、「懐かしさ」は存在しないのでしょう。

自分の内に確かにとどまって、自分の現在の土壌となってきたものこそ記憶です。その記憶を豊かに耕しましょう。そうすれば生きられる。しかし、現在の社会は、この豊かな記憶を残すにはあまりに荒涼とした風景（排除と憎悪と反知性と）ばかりではないでしょうか。なつかしさを感じさせる記憶を意識の底に漂わせるには悪条件に満ちています。子どもたちは自分を表現し現在に精一杯に生きることをあきらめて生きているようにみえます。

だからこそ、なつかしく生きた心の拠り所を大切にして、未来への生きる誓いを立てる。私は、坂元さんの「未来への懐かしさ」の魅力をこのように考えてみたのです。

なつかしさを未来に差し向ける。このような希望の投企によって、新自由主義を批判し、超える展望を生みだしていく、という思想であったわけです。地域に根ざす教育の展望を、このように未来に対するなつかしさの投企（回復）として考えようとした坂元さんの思索は大切にしていきたいものだと考えています。

（2）「次の発展への復元力」（大田堯）

大田堯さん（教育科学研究会元委員長、都留文科大学元学長）は、一九七二年開催の中津川教育文化展覧会の意義を誰よりも強く感じ、論じた教育学者であったろうと思います。（「地域の教育文化運動」、中津川市教育研究所編『目で見る地域の教育百年史』一九七三年、『地域の中で教育を問う』新評論、一九八九年、に所収）。

大田さんは、戦後、恵那の生活綴方教育にいち早く注目した教育学者の一人でした。一九五一年には、中津川市で開催された第一回日本作文教育連絡協議会に参加しており、綴方教師との付きあいを深めてきました。

その大田さんに恵那の教師たちは、教育文化展の記念写真集の「序文」を依頼したのです。大田さんは「この地域での教師たちの並々ならぬ辛苦《しんく》の結晶である展覧会」と感想を記します。

大田さんは、これら展示物は、恵那の教師たちが中津川を中心とする地域一体に根をおろして生きてきた人びとの住居の戸棚から、屋根裏や物置きや土蔵から、ほこりにまみれて眠っていたものを、一つひとつていねいに掘りだしてきたものであったと述べます。

それらは、かつて自分たちをつくってきたものであり、祖父母や親たちの暮らしと心の一部でもありました。そして、人びとの毎日の生業《なりわい》の核心であり、子どもたちの未来の選択の糧《かて》に深いところからつながっているものであったとします。

展示会は、教師たちによる手づくりの企画であり、地域ぐるみの教育文化展覧会であったのです。教育を地域住民の子育ての根源から捉えなおそうとする、そうした意図が恵那の教師たちに明確に存在したのです。

大田さんは、この展覧会を見にきた人びとがひときわ〝ざわめき〟を起こした、そのコーナーに注目します。それは、先に述べた、参加者が次々と「懐かしい」という声をあげた、そして、石田和男さんがそれにこだわった点と重なってくる問題でもあると思います。

そのコーナーとは、「皇国民錬成の教育」のコーナーのことでした。そこでは、人びとは忘れかけていた戦争の傷痕《きずあと》をほじくられてざわめきます。今考えると、だまされていたとしか思えない思い出であり、馬鹿々々しく不合理でしかない展示物だったのです。しかし、そこには、そういってはすまないような、それだけでは割り切れない、懸命に生きてきた、いじらしい自分たちの姿が感じられるのでした。馬鹿々々しく、不合理な戦争に従ってしまった自分たちであったが、それでもなお懸命に生きようとしてきた自分たちの生活でもあったことは否定できないものなのではないのか。戦争の傷痕をほじくられて、人びとはざわめかずにはおれなかったということでしょうか。

大田さんは、この〝ざわめき〟の中で獲得されていく、人びとの確かな認識のすじみち（深まり）があるのではないのかと述べ、それを次のように説明します。

「非合理とも見えるものの肯定的な理解のなかで、それが否定されなくてはならないという必然をつかみとることが、自由な人間の歴史意識というべきものなのであろう。すでに戦争を知らない若ものたち、子どもたちも同じ展示物から学びとったにちがいない。〝ざわめき〟の中に、お父ちゃんが赤紙一枚で戦争に出かけていったその気持ちがわかったという、叫びにも似た感嘆があったという。だからといって、この若もの、子どもたちが、戦争を肯定したのではけっしてない。父の行動にうなずきながら、共感しながら、前よりいっそう大きく否定しなくてはならないものは何であるかを知ったのである。」

（「地域の教育文化運動」）

ここには、とても重要なことが書かれているように思います。なぜ自分の父親たちが戦争に従ったのかという、その非合理な態度の拠ってくる原因を共感をもってうなずきつつ、しかし、そこで考えを止めないで、さらにそれを越えて、だからこそいっそう戦争を否定しなければならないというきびしい認識へとすすむということだったのです。そのような精神の動きがこの展示の会場にはざわめきとともに存在していたというのです。非合理に従うかつての人びとを肯定的に受け止めつつ、しかし、それは今は否定されなくてはならないことなのだという理解でしょうか。ざわめきの正体とはそのようなものだったのでしょう。

なぜ、そのような精神の働きが起きたのでしょうか。大田さんは、この展示場には人びととの歴史認識を一枚岩に追い込まない慎重な配慮があったと述べています。展示物そのものへの配列の仕方と工夫が見事であったというのです。

なぜ、慎重な配慮が可能であったのか。それは、つまり、恵那の教師たちが民衆の生活に深々と根ざし、地域住民の暮らしと子育ての根源に降り立つ考え方をもっていたからだというのです。地域に根ざした展示物であったからこそ、人びとは不合理に従う生き方を肯定的に受け止め、しかし、そこにとどまらず戦争を肯定せず、批判する認識の場所へと自分を誘うことができたということです。地域にはそのような力が秘められているというのです。

地域に根ざすことではじめて、人びとは、非合理に従う自分たちの生き方を理解し、しかし、それを否定して新たな自分を見つけ出すことができるということだったのです。地域を見つめることで、新しい未来を創造する意気込みが生まれてくる。大田さんは、そのように言っているのだと思いました。教育文化展示会は、地域の教育力とは何かを人びとに教えたのです。

住民の戸棚から、屋根裏や物置きや土蔵から掘りだしてきた、地域の風景に刻まれた生活の展示品は、人びとに驚きを与え、年齢も経験も異なるもの同士の間に、それぞれ新鮮な出会いを創りだし（＝ざわめきを生みだし）、新たな自分を発見する契機ともなりました。地域に根ざすということはこのような教育力をもつものだったのです。

大田さんは、地域の教育力について考えを述べていきます。近代日本の国家は、世界でもあまり例のない、統治者による被治者（民衆）の心にまで深々と手をのばす支配に成功したと述べます。明治政府は、西欧近代文明の強いインパクトのもとにあって、古代からの伝統を国家の体裁の内実に織り込み、民衆の魂まるがかえの近代国家をつくりあげようとしたというのです。こうして地域における民衆の組織は、ことごとく統治の受け皿として機能していくがごときでした。

しかし、ここが大事な点ですが、大田さんは、これほど民衆のなかに滲み通った権力支配であったけれども、しかもなお治者と被治者との矛盾はおおいきれるものではなかったと述べます。どんな権力もまた、容易に立ち入りがたい人間の精神の領域というものがあったというのです。権力は、少なくとも、地域の民衆の底深い感性までを収奪しさることはできなかったのです。

こうして地域においては、民衆の組織が、統治の受け皿になるのか、民衆の自衛のための民衆自身の組織になるのか紙一重の状態が出現します。同じ組織が統治手段となる反面、それがまた一揆のための抵抗組織ともなり得たのです。いわば統治と抵抗の「境界線」があちこちに現れるのです。地域における民衆の組織は、一方で権力者が示す統治の文化地であり、また他方、民衆自身の「いとおしみ合う」文化の発現地でもあったのです。だから、大田さんは、この民衆自身の「いとおしみ合う」文化の発現をこそ見つけ出すことが重要になってくるというのです。

大田さんは、これまでの日本の民主化運動の多くは、ナショナリズムを口にすることをむしろタブーとして、長くこの民衆の不屈な感性や、それを支えてきた地域における民衆自身の組織、そこに成立してきた自衛的な習俗などに眼を向けることが少なかったと批判的に述べます。したがって今後の教育運動は、地域の民衆の連帯に裏づけられた真のナショナリズムと結びつくことが大切になってくるというわけです。中津川の教育文化展の意義はこの点を教えているのではないのかというのです。

高度経済成長を経て、食と性、人間の生命の全体をも営利の対象にしてしまう今の社会だからこそ、民衆の〝ほんね〟を探し出し、自衛と抵抗の組織としての地域の「地肌」に立ち返ってみることが大切になってくるとします。自分自身をつくっている過去をめいめいに問い質《ただ》すことを試みながら、市場経済によってバラバラにされた人びとが、老人や若者・子どもたちとその母親たちを包み込む新しい連帯を再び生みだす可能性を、地域に探し出すことが大切ではないだろうか、と大田さんは問うているのだと思います。

大田さんは、一年後の一九七四年に、「教育の習俗研究によせて」（『地域の中で教育を問う』前掲書、所収）という論文を書きます。教育研究における「習俗」の意義を論じます。習俗とは、社会の制度からはみ出したものであり、かつ、社会の制度があるにもかかわらず、綿々と続き、脈々として流れているものとします。制度を越えて、制度とは別に、非常に多くの人びとが関わっている生活のなかに存在している出来事や、習慣、慣行や行事に内在するエネルギーといったものが習俗とされます。

そして、習俗は、社会体制が確立・成立しても、それなしには済まされぬような大きな力であるとします。体制そのものの中にも間違いなくその底の方を流れているようなものであり、体制にはまりきれないでずぶとく併行して存在しているものです。したがって、体制や組織が行き詰まりを見せるときには、復元力を発揮するようなものとして期待される存在でもあります。つまり、「次の発展への復元力」を獲得したい、という人びとの願いに応えることができるものこそ習俗の研究であったのです。

大田さんは、体制や制度の行き詰まりが深刻な事態になった時に、それを越える復元力を地域の風景の中に求めているのだと思います。それに明確に気づいたのが、一九七二年の中津川教育文化展覧会だったのでないでしょうか。

坂元忠芳さんの「未来への懐かしさの思想」と大田堯さんの「次の発展の復元力」は、ともに、地域の教育力の豊かなとらえ直しを求めているのだと思います。恵那という生活綴方教育のふるさとは、何かそのような構想力を秘めているような気がするのです。

第10章　福島における原発災害と「生業の思想」

第一節　なぜ被災地へ――風景の思想の発見

（1）私はなぜ、福島の被災地を訪ねたのか

私が人間と風景の思想について考えなければならないと思ったきっかけは、二〇一一年の「3・11」体験にありました。福島の被災地に行かなければならない。なぜ、そう思ったのか。これまでに誰もが一度も経験したことのないような深刻で悲惨な事態に向きあってしまった、その事実を自分はどう考え、受け止めるのか。逃げも隠れもできない、という思いが生まれてしまった、ということだったように思います。

多くの人が犠牲となった震災と原発災害。私は、その壮大な悲しみにまじめに向きあうことが必

要なのではないのか、と思いました。家族を失ったり、故郷を離れざるをえなかったり、ぶつけようのない怒りを抱えている人びとがこんなに多く生まれてしまった。この現実に直面し、私は、自分の心が試されているように感じました。人間の悲しみを考えること。そして、ここにおそらく、教育とは何かを見極める、いまこそ深めなければならない大切な問題があるに違いない、と思うようになりました。

私は、岩手の沿岸部である宮古や釜石を訪れました。子どもや教員に多くの犠牲者を出した宮城県の大川小学校の被災跡にも行きました。車で、宮古からずっと沿岸部を南下するように被災跡を見て回ったり、沿岸部の教師の方々の話を伺うようにしました。そのときには、おいしい岩手の地酒や蟹料理もご馳走になりました。その味は忘れることができません。

吉村昭の『三陸海岸大津波』（文春文庫、二〇〇四年）を知り、急いで読みました。一九三三年の三陸津波に襲われた人びとの悲劇がそこに描かれていましたが、なぜか、私は吉村が三陸をこよなく愛した、つまり、その土地と海をすっかり好きになってしまったことが気になりました。吉村は、長く何度も三陸（田野畑）に通いつめ、そうして、やがて人びとの暮らしとともにあった津波に関心が向かうようになったというのです。

私は、福島の境野健兒さん（福島大学名誉教授）に連れられて、福島のさまざまな地域を訪れるようになりました。浜通りの相馬市、南相馬市、中通りの福島市、二本松、郡山、浜通りと中通りに挟まれた丘陵地帯である阿武隈山地の伊達市、飯舘《いいたて》村、葛尾《かつらお》村、田村市の都路《みやこじ》地区、川内村、そして、大熊町が集団移転をした会津若松市など、です。学校の教師や保育士、教育委員会の職員そして農家の方々との出会いがありました。

福島のそれぞれの土地は、原発被害という深刻な問題に直面し、困難は覆い被さるようにして人びとを苦しめていました。飯舘村や川俣町山木屋地区でみた、除染で生じた廃棄物を詰めた黒いフレコンバッグが累々と積み重ねて置かれた景色は、痛みの記憶として残ります。どこの土地に行っても、そのような痛覚の記憶があります。私は、分裂と分断という現実をみたような気がします。何と何との分断か。第一に、自然と人間との分断。水、大気、土壌などの自然環境が甚大な放射能汚染を受けて、第一次産業をはじめとする産業や生活に深刻な打撃をあたえました。第二に、人間と人間との分断・分裂。避難する／避難しない、地元産を食べる／食べない、帰還する／帰還しない、子どもを外で遊ばせる／遊ばせない、補償金がある／ない、などなど。「自己決定＝自己責任」を強いられ、地域、家族、個人のそれぞれで意見が分かれ、対立が生じ、分断と分裂が生まれてしまう（塩谷弘康、岩崎由美子『食と農でつなぐ』岩波新書、二〇一四年、参照）。そのような事実のあることを教えられました。私は立ち尽くすしかなかったわけです。

私は、そこで何をいったいどのように考えなければならないのか。問われていたように思います。この現実のなかで、子どもたちや教師の「生きる希望」というものをどのように考えることが重要なのか、いつも問われているように感じました。かつて考えたこともない新しい問題に向きあってしまったのです。

「3・11」によって何が起こっているのか、これをどのように解釈すればよいのか。それに答えることはとてもできない。そこで、私にできることは「この現実をみて、自分は、これまでいったいどのような考え方にもとづいて生きてきたのか」に答えることではないのか、と思うようになりました。福島で見た現実に応じて、自分はどのように生きていくことが今後必要かを考えることともいえます。その認識がいかに不十分で限られたものであっても、精一杯にふりしぼった正直なぎりぎりの考えを表明してみよう、ということでした。そのことを少しずつでもやり続けよう、と。

そうしてだんだんに確信になってきたこと、発見したといえば大げさですが、自分の根本に据えてみたいという問題は次のようなことです。すなわち、かつて福島の地で幸福に暮らしてきた人びとの暮らしを想像してみる、ということです。その土地に生きていた人びととの暮らしの重要性であり、ありったけの想像力をつかってしか描きだせないであろう、その土地土地に生きてきた人びとの豊かで幸福な生業《なりわい》――人間の誇りと尊厳のある暮らし――をしっかり捉えることです。その生業の誇りの取りもどしはどのようにして可能なのかを考えることでした。

原発事故は、いったい、福島の人たちのどんな大切なもの（生業）を奪ったのか。福島の人たちは何を失ったのか。そのことをつきつめてみるということでした。

後々の勉強で知ることになるのですが、境野さんにあれこれ連れてもらった阿武隈山地一帯は、「あぶくまロマンチック街道構想」によって地域活性化の努力が払われていたところだったのです。ドイツのロマンチック街道のように、阿武隈山地一帯は自然美あふれる景観づくりが日指されていたのです。飯舘村は「日本一美しい村」に選ばれていました。有機農業や産直、地産地消で消費者と顔と顔の見える信頼関係をつなぐ農作物を提供する、そういう経営努力があった地域だったのです（塩谷弘康、岩崎由美子前掲書、参照）。私は、境野さんの車の中から眺めた、荒れた牧草地や雑草の田畑を見やりながら、少し前までは存在したであろう自然美あふれる風景を自分の観念（脳裏）に描きだしてみる努力をしてみるのでした。

かけがえのないものを奪われた。とりかえしのつかないことをしてしまった。その罪は何か。誰が責任を負うのか。人間の尊厳と自然の美しさの名において、それを奪ったものの罪を告発しなければならない。そして、取りもどす力と意志を私たちはどのように自らの内に宿すのか。

私は取りもどすべき風景を描きだすことで、人間の悲しみに近づき、怒りを分かち、そして、前を向いて生きるという意志の形成を考えてみるきっかけを得ることができるようになるのではないのかと思ったのです。風景はたんなる風景としてではなく、人間の内面の意志の形成（＝決意）を伴って風景として自覚されるという、何かぼんやりとした考えではあるのですが、そう思うようになってきたのです。

福島で、人間と風景の思想を考えてみようという経緯はこのようなものでした。私は、都立大学の大学院以降、どちらかというと文献研究が主で、日本近代教育思想史が専門の人間でした。しかし、「３・11」以降、地域への訪問を少しずつ重ねてきて、地域で生きる人びとの生き方や考え方に触れながら、そうしてその土地の歴史に思いを巡らす、という考え方をだんだん取り入れるようになってきました。いま現在に生きている人びとの苦悩や生きる困難（あるいは、喜びも含めて）を具体的に見つめながら、それを歴史的な遺産に学びながら、問題を解いていくという研究スタイルがじょじょに身についてきた感じです。

（2）三月一一日とカレーライス

ひどく個人的なことなのですが、一つ書いておくことをお許し下さい。二〇一一年三月一一日、その日その時、私は東京の杉並の自宅にいました。カレーライスを作っていたのです。娘たちの夕食の準備のためです。作り終わったら、神楽坂の教育科学研究会事務所の常任委員会に出かけるつもりでした。

食器が割れ、書棚から本が飛び出してくる程度でしたが、こんな大きな揺れは初めてでした。家族が心配でしたが、妻は児童館勤務、次女は中学校におりましたから、じきに安全だと分かりました。問題は長女（高三。卒業式は終わったばかり）でした。吉祥寺に遊びに出かけていました。やがてメールが入り、無事が確認され、歩いて帰ってくることになりました。

夜の七時過ぎだったでしょうか。長女は帰ってきました。そばに男友だちが一緒でした。これにはちょっと驚きましたが、「まあ、少し休んでいきなさい」と言いました。娘を無事に届けてくれたお礼の意味もありました。「カレーを作ったので、食べていくかい」といい、山盛りのカレーを彼の前に出しました。三人で一緒にカレーを食べながら、黒い津波が畑や家々を、そして逃げる車を呑み込んでいくテレビの映像をじっと見ていました。彼の自宅の住所を聞き、それなら歩いて一時間くらいで着くだろう、と伝えました。彼は一〇時過ぎには自宅に着きました。

私にとっての三月一一日は、こんな小さな「事件」が挟まれていました。それ以後の私の気分は沈んだ状態がそうとう長く続きました。原発が事故を起こし、ただならぬ状態を覚悟したようにも思います。とにかく、何かを考えなければならない、という焦りと動揺の交互を行き来しているようでした。何か重要なことを考えなければならないのに、その何かがちっともわからない、という感じでした。

ただ、この小さな「事件」が挟まれているおかげで、不思議と自分の気持ちに緩衝地帯のようなものができたのでした。彼らのような若い人といっしょに、津波の映像をじっと黙って見ていたこと。「大変なことになってるね。大事なことを考えないといけないかも知れないね」と誰かが呟《つぶや》いたような気もするのです。それを黙って三人で頷《うなず》いて見ていたような。

私は、震災で自分が考えたことをやっぱり何か他の人に伝えたいと思うようになるのですが、そのときこの三月一一日の当日のことをふと思い出すのです。

息をのむようにしてテレビの津波映像をじっと三人で見ていた経験。彼ら若い人たちならばきっとじっと聞いてくれるに違いない、と一瞬考えがよぎったりするのです。それは何の根拠もないのですが、カレーライスをいっしょに食べたという、小さな事件がそうさせているのかも知れません。

つらい残酷な映像（＝過酷な風景）をいっしょに見ることが出来た。しかし、それは偶然とはいえ、私には大切な共有体験となりました。

（3）高木仁三郎の反原発思想――のっぴきならない自然と教育の関係

私は、原発の危険すらきちっと認識できずにいました。そして、「3・11」を体験してしまうわけです。事態は突然に襲い、ただうろたえていました。

私は、すぐに、反原発の市民科学者であった高木仁三郎（一九三八年～二〇〇〇年）の本を読み出しました（『プルトニウムの恐怖』岩波新書、一九八一年、『わが内なるエコロジー　生きる場での変革』農山漁村文化協会、一九八二年、『宮沢賢治をめぐる冒険』社会思想社、一九九五年、『市民科学者として生きる』岩波新書、一九九九年、『原発事故はなぜくりかえすのか』岩波新書、二〇〇〇年、『人間の顔をした科学』七つ森書館、二〇〇一年、など）。

原発技術の安全がいかに欺瞞《ぎまん》に満ちているものか。放射能がどれほど危険であるのか。高木は詳細に教えてくれました。また、驚きをもって知ることができたのは、原発の社会的問題点ともいうべき点でありました。原発は高度にして巨大な科学・技術システムであり、国家を巻き込んだ強力な権力支配であること。したがって、これを批判することは容易ではなく、つくられた「安全神話」を打ち破ることがいかに困難であるのか、ということでした。

さらに、原発産業に働く科学者、技術者たちの中に人間的なモラルを失った人がいる（＝モラルハザード）という事実でした。これに向きあいたたかってきた高木は、何度も挫折を味わい、鬱《うつ》病にも罹《かか》りながら、しかし、けっして希望を捨てなかったということを知ることになりました。

たとえば、印象に残る彼の言葉を紹介します。福島原発の建屋《たてや》が爆発し、炉心溶融の危機が叫ばれていたとき、私は次の記述を読んだわけです。高木が（自らそうであったように）痛切な自己批判を込めて書いた科学者、技術者たちのモラルハザードの例です。

「ましてや、我われはすでに日に日に膨大な放射能を扱うようになっていましたが、その膨大な放射能がいったいどういう社会的影響を持つのか、たとえば放射能廃棄物が残るということがどういう意味を持つのか、膨大な放射能が外部に漏れるような事故は起こらないのかというようなことについては、内輪の議論は多少はやりましたけれども、本格的な場ではきちんとした議論はいっさいしていませんでした。」

「たとえば、原子炉事故というと、炉心が冷却に失敗して加熱して溶け崩れるメルトダウン（炉心溶融）をだれしも考えます。しかし、そういうことについて、会社の中で公式に議論した経験は、少なくとも私は一度もありません。」（『原発事故はなぜくりかえすのか』）

議論なし、批判なし、思想なし。高木は、原発科学者の世界を「おそろしく真空状態でした」と述べていました。福島原発事故はまさに、こうした結果だったわけです。なぜ、もっと早く高木を知り得なかったのか。後悔は当然でしたが、しかし、今ここで述べたいことは、この点でありません。

反原発運動をリードしてきた高木の思想のその根っこは何か、ということです。いくら批判しても国家の官僚や電力会社は容易に変わりはしない。では、どうすればよいのか。反原発を貫くための根源的で人間的な思想が求められた、というのです。高木にとっての反原発の根源的思想とは何かです。それは「人間の顔をした科学」ということになりましょうか。その科学はどのように形成されるのか。

私は、『市民科学者として生きる』の冒頭、「第一章　敗戦と空っ風」で心を鷲づかみにされました。高木は、群馬の「空っ風」が吹き下ろす赤城山の麓（前橋）で育った自身の生育歴を語ります。前橋は、萩原朔太郎、萩原恭次郎など多くの詩人を輩出したゆかりの地であります。高木は、朔太郎や恭次郎の詩がもつ「突き刺さるような厳しさ」に影響を受けたといいます。「私には、この歌の背景には、やはり空っ風のびゅうびゅうという音が鳴り響いて聞こえる。そのようにそこに育つということと、この町の自然とは、のっぴきならぬ関係で結びついていた」というのです。

のっぴきならぬ自然との関係の中で人間は育っていく。おそらくこれが、高木の反原発の思想を基底的に形成していったのではないでしょうか。人間と自然との摂理に従えば、原発は断じて許すことはできない。高木は自らの反原発の思想をこのような自然との関係で育った自らの生育史から考えようとしたのだと思います。これは、私にとって重大な発見でした。

高木はさらに、戦後教育の息吹きのなかで育った自分を語ります。「私の体験的印象からすると、国家とか公的な権力、制度などが、ほとんど教育の前面には出なかった時代で、先生たちも新憲法下の民主教育について、戸惑いがちで生徒たちと一緒に試行錯誤するという感じだった。それがかえって、生徒たちによい環境を提供し得た稀な時期だったかもしれない」。

高木は、戦後教育の考え方に反原発の思想の根源を求め、その普遍性を探ろうとしているように思えます。自分の体験を吟味し、誰にでもそうした反原発の思想の可能性があることを提示しようとしたのだと思います。

「私の原体験は国家にのみこまれてあの無謀な戦争へと駆り出されていった大人の世代にたいする強い不信に根ざしていた」。戦後民主教育から反原発へ。高木は、このように自らの思想形成を語っていました。

「厳冬の地は壮烈な意志に凍りついてゆく」（萩原恭次郎）。突き刺さるような厳しさ。高木の思想は、空っ風が吹きすさぶ赤城山という風景を語ること抜きには、十分には理解されないのだと思います。高木は、幼少の頃の赤城山の風景を思い起こしながら、自らの反原発という思想の根源を見さだめたのではないでしょうか。

高木は、反原発運動のために、全国各地を飛び回りました。行く先々で、放射能汚染がいかに危険であるのか、原子力事故はなぜ頻繁に起こるのか、その問題を専門的な知識を交えて語りました。

しかしそこでは、一筋縄ではいかない、「民衆（農民、漁民）が生活を営む」ことの中にある苦境という現実の壁にぶつかります。たとえば、政府や資本による国土の乱開発による農業や漁業の衰退の一方での、原発立地自治体への高額な補助金支出や新たな働く場（雇用）の創出、などなど。農業や漁業では生計が立たない現実。一方で、原発による雇用の創出（新産業の甘い蜜）。この現実と向きあう本当の反原発思想というものがあるのではないだろうか。高木は、そう考えたのに違いないのです。

高木は悩みます。漁民の一人ひとりが、理屈では放射能汚染や原子力のことがわかっても、何年か先の汚染された浜辺をリアルに想像することは容易ではない。自分たちの海や漁業の将来を、そして自分の明日のいのちをどのように想像し、それに向けて、今日をどのように生きていくのか、ということが問題の核心なのではないのか。

こうして、高木は次のような考えにいたります。「私はほんとうは、原子力の話や数字や量の問題としてではなく、農民が土地を耕し牛を育てることとの関係において、……自然と人間のあるべき関係において、語るべきだし、そうしたかったのだ」（『わが内なるエコロジー』）。

高木は、科学や専門性を否定しているのではもちろんないのです。自分の科学が農民たちの感性にせまるだけのしなやかさをもつ必要性があるということだったのです。「人間の顔をした科学の形成」。そのためには、浜辺の風景をリアルに想像できる感性が科学に求められる、ということだったのです。汚染された浜辺の景色と人間と自然が共生しあう風景とを、リアルに想像できる感性を育てることが、実は、科学そのものの課題でもあった、ということでしょうか。

私は、高木の反原発の思想に風景の思想を読み込むことができたものと思っています。高木の科学の風景の思想を手がかりに、私は、福島の原発災害を考えてみようと決意したのだと思います。

第二節　原発事故の中での学校と教育

すでに述べたように、私は、「3・11」以来、境野健兒さんに連れられて、原発災害の被災地と学校をこれまで何度か訪れてきました。細金恒男さん（早稲田大学）、佐藤修司さん（秋田大学）、谷雅泰さん（福島大学）らとの共同の調査でありました。

そこで見た地域と学校の現場はどのようなものであったのか。いま、振り返ってみて、あらためて自分は何を見てきたのか、どのようにその現実を考えようとしてきたのか、整理してみようと思います。

私は、そこで、何を考えたのでしょうか。

（1）「学力の向上」と地域の課題

私が福島の原発災害の現状を見て、最初にぶつかった教育の問題は「学力の向上」でした。なぜ、原発災害のただ中で学力の向上が問題とされるのか。学力の向上がこんなに人びとを縛り付けているのか。そんな思いにかられてしまう体験をしました。

私は、二〇一一年の秋、福島県の津波被災地である新地町や相馬市松川浦地区、同磯部地区、南相馬市の鹿島区内の矢沢・上真野小学校、そして飯舘村役場や飯舘中学校を訪問しました。訪れた際に、地域の先生方からいただいた資料の中に、相馬市教育委員会が二〇一一年九月三〇日に出した「学力向上のための各校の課題と方策について」という通知がありました。すぐに「学力向上」という文字が目に飛び込んできました。この事態に直面して、学力の向上の方策か、とやや驚いたものです。

原発事故の半年後、原発災害の実態がどれほどのものであったのか、まだまだ被害は進行形で、判断がつかないという時期だったのではないでしょうか。そうしたときに、「相馬の復興は、教育の力に依るところ大である。子どもたちに学力をつけさせることが必要である」という教育行政の意志表示は唐突感があり、違和感を覚えました。

「震災後のこのような状況であるからこそ、子どもたちに、学力をしっかり身に付けさせ、進路選択の可能性をできるだけ広げさせ、全国や世界に通用する学力を身に付けさせることが重要と考えます。

どんな困難な状況にあっても、自分や家族の生活を支え生きていくためには、仕事に就き収入を得ることが必要です。現代は知識基盤社会と言われており、どのような職業に就くにも学力は不可欠なものです。」


復興の指標は「学力の向上」だというのです。災害時であればこそ、いっそう、「学力の向上」が重要性を増すという考え方がここにはあります。

私は、思いました。この文章を起草し承認した人たちのなかにだって、津波や原発事故の被災で、家族や同僚に犠牲者があったり、避難を余儀なくされた方がいたのではないでしょうか。これをつくった人たちは、本当に、自分たちの地域と被災の現実からこのようなことを書かなければならないと思ったのでしょうか。自らの実感から、学力の向上こそがいま一番大切であると思えたのでしょうか。じっくりと福島の教育の現状を見る、おそれずに何が問題となっているのか見きわめる、という姿勢がもっとあってよかったのにと正直思うのでした。どこかで、思考を止めてしまってはいないか。

なぜ、こうした意思が真っ先に示されてしまうのでしょうか。もっと、考えなければならない事柄が他にあるように思うのですが、どうでしょうか。自分たちが受けたこの被災の体験から、大切にすべき感情（怒りや悲しみや深い疑問など）を探りあて、突き詰めて見直すべきことが他にあるのではないだろうか。なぜ、そうした思考ができなかったのでしょうか。

たとえば、原発はどうして福島に存在したのか。そうした疑問はよぎらなかったのでしょうか。原発誘致の背景となった福島における差別的で格差的な歪んだ産業構造（「東北の植民地化」といわれる）を、教室で子どもたちに考え直させてみる。そのような学習課題は思いつかなかったのでしょうか。

ここに記されているのは、これまで同様に、「学力」を身につけて、いまある競争社会（知識基盤社会）を生き抜く思想であったように思うのです。「3・11」以前も「3・11」以後も、同じように、そうであり続けるほかない競争社会が想定されているようです。衝撃的な事態を前にして、それを正面から受け止める思考をほとんど働かせてみることができなかった、ということでしょうか。

ここには、この原発災害で日本の国は社会の仕組みを大きく転換させるかもしれない、人びとはこれまでの自分の生き方に大きな反省を行うかも知れない、と考えたフシがほとんど感じられないのです。

私は、この二〇一一年の九月の時点では、ひょっとすると日本は、大きく社会を転換させるかも知れないという認識（願い）を強めていました。今思うと、ちょっと恥ずかしい甘い認識でしたが。

そうしたこともあって、この相馬市の教育委員会の通知は、ちょっとショックでした。復興の指標を学力の向上に置く、という姿勢の表明でした。そこに向かってみんなで頑張っていけば、やがて地域の暮らしや産業の復興も展望が見えてくる、という考え方でした。もちろん、この通知一片をもって、相馬市の教育委員会の考え方全体を判断することはできません。

ただ、私は、やっぱり、こうした内容の通知を出してしまう教育委員会の現実への向きあい方を問題にしたいのです。私はこの考え方に馴染めません。原発災害によって地域と人びとの暮らしの何が奪われ、人間の生活の何が破壊されてしまったのか。まずは、そうしたことに思いをめぐらし、事態をはっきりさせる必要があると思いました。人間として大切などんなことを失ってしまったのか。その責任はいったい誰がとるのか。失ったものを取りもどすことがどれほど困難なものか。洞察力が求められます。こうしたことがまずはしっかり提示される、そうした通知こそが出されるべきだったのではないでしょうか。

子どもたちもまた、大人と同様、被災を体験し、避難の生活を強いられ、悲しみと悔しさと憤りの辛酸をなめてきたものと思います。そうした苦しみの起点にたって、学校と地域の教育の課題を明らかにしてみる、ということが大事だったと考えます。

この相馬市の教育委員会の通知（二〇一一年九月）は、その後の福島の復興教育における共通の方策になっていきます。たまたま相馬市の教育委員会が勇み足的に出した通知ではなかったわけです。県下の教育委員会全体の意思だったわけです。

私は学力を否定するつもりはありませんが、厳しい事態に向きあう姿勢を回避して、学力の向上の万能感にとらわれてしまう、そのような思想の弱さを問題にしたいと思います。原発事故を引き起こしてしまった、原発国家と形容できる国家の教育政策理念というものがあったはずです（原発は国家政策の重要な必要不可欠な柱だと自民党・公明党の政府は決定しています）。これまでの学力向上政策は、そうした原発国家を形成し支える重要な教育理念であったことは間違いない事実だと思います。学力向上政策とこれまでの原発国家政策との関連（原発国家を形成し支える学力への邁進《まいしん》）を一度は、振り出しに戻って考えてみる必要はなかったのでしょうか。被災地の教育委員会であればこそ、こうした姿勢をすこしでも示すことはできたように思ったのですが……。苦難のなかを生きようとする人びとがいる地域と学校の風景を見つめながら、私はそのように感じるのでした。

（2）放射線教育と産業の課題——福島県教育委員会

私は、二〇一四年一〇月に、福島県と伊達市の教育委員会を訪れました。原発災害一年目から、早くも福島県の教育委員会は放射線教育の推進の強化という方針を掲げました。私たちは、その方針を県の担当者からお聞きすることになりました。それはどんなものだったのでしょうか。

手元に『平成25年度（二〇一三年）放射線等に関する指導資料　第3版』（福島教育委員会、総一六〇頁）と『放射線教育副読本～放射線を正しく知ろう』（伊達市教育委員会、二〇一三年、一三頁）があります。福島県教育委員会義務教育課の方から、ていねいな説明をいただきました。この冊子の、①作成の意図と作成過程について、②県内の放射線教育の実施状況について、③教員への研修について、が話されました。この第3版は、二〇一四年度法務大臣優秀賞を受賞しているものでした。受賞理由は「放射線に関する科学的知見を踏まえ、学齢に応じた指導方法などを過不足なくまとめ」「地域の切実な問題である放射線の影響について、正しい知識を伝え、根拠のない思い込みや偏見による差別から地域住民を守ろうという熱意が伝わってくる」というものでした。

私は、県教育課の方の話を聞きながら、率直なところ、心はやや揺れ動きました。なぜ、放射線教育という名称（ネーミング）なのだろうか。あれだけの原発事故がありながら、こうした名称でよいのだろうか。放射線教育をおこなうことは否定しませんが、原発災害の実態を広く捉え、地域の人びとや子ども・教師の思いをもっと取り入れる教育の方針というものが反映してもよいような気がするのでした。今後推進すべき福島県教育の重要課題は、この名称でふさわしいのだろうか。そんな思いにとらわれながら話を聞いておりました。

この第3版「冊子」の目次を見ると次のようになります。主な目次は、第1部・東電原発事故に関する資料、第2部・放射線等に関する基礎知識、第3部・放射線等に関する指導、Q＆A、第4部・放射線教育に関する学習指導案例等、第5部・研修会資料、第6部・道徳教育・人権教育の在り方、などです。第4部の放射線教育の指導案例が冊子の半分以上を占めています。この部分がもっとも重視されていることがわかります。

担当課の方が、この冊子の作成過程について興味深い話をしてくれました。「第2版」（二〇一二年）に対して福島県議会などから次のような意見や批判が出されて、第3版が出来上がったというのです。すなわち、「福島第一原子力発電所の事故に関する放射性物質の外部への飛散の事実や県民生活に原発事故がもたらした様々な影響をもっと掲載すべきではないのか」ということです。「第3版」は、こうした意見を踏まえてできあがったというのです。第1部の東電原発事故に関する資料では、放射性物質の飛散、人びとの生活の変化、放射線の影響から県民を守る取り組みが掲載されました。とくに、注目したいのは、一一頁に掲載の二〇一一年八月四日、會津風雅堂で開催された全国高等学校総合文化祭（ふくしま総文）における構成劇「ふくしまからのメッセージ」と写真の掲載でした。高校生一〇〇人以上の、事故後の経験や思いが伝わってきます。

「福島で生まれて、福島で育って、福島で働いて、福島で結婚して、福島で子供を産んで、福島で子供を育てて、福島で孫を見て、福島でひ孫を見て、福島で最期を過ごす。それが私の夢なのです。あなたが福島を大好きになれば幸せです」。

福島の高校生が発信した率直なメッセージが掲載されました。このメッセージを使った中学校の実践事例（学級活動）「原発事故から考えること」（八八頁）も載っていました。私は、確かにこの

「第3版」には、原発災害における地域と生活の事例が掲載されていると感じました。

しかし、実践事例は、これ一つ、ほんとうに僅かでした。他はすべて、放射線教育の実践事例ばかりだったのです。

「ほうしゃせん　なにに気をつければいいの」（小学校・学級活動）、「放射線から身を守るためにできること」（小学校学級活動）、「健康的な生活を送るために」（小学校・学級活動）、「放射線量と健康の関係を調べよう」（中学校・学級活動）、「放射線の観察」（中学校・理科）、「放射線の遮へい」（中学校・理科）、「放射線対策を科学的に説明しよう」（中学校・理科）、「食べることの大切さを考えよう」（小学校・家庭科）、「ゆで野菜サラダをつくろう」（小学校・家庭科）、「放射線と健康について考えよう」（中学校・保健体育）、などなどです。

私は、放射線教育のこの冊子に、原発事故が人びとの暮らしや産業に与えた影響や福島の人びとが生き方を問われるような内容がもっと取り入れられていいのではないのかと思っていましたが、そうなってはいませんでした。この点は、やや残念な気持ちでした。ある意味で原発の再稼働・維持がすでに前提となった放射線教育であったわけです。さまざまな立場があるでしょうから、原発の存在そのものを否定する立場から放射線教育の方針を作成することはできないだろうと思うのですが、福島で実際に起こった健康被害や過酷な避難生活や暮らしの実態、風評被害の現実など、もう少し、地域の実態に対する広がりをもった目線があってよかったのではないのか、と思うのでした。

（3）放射線教育と産業の課題――伊達市教育委員会

県教委の教育課の方の説明を受けたあと、私は、伊達市の教育委員会を訪問しました。その際に受けとったのが、「放射線を正しく知ろう」という副題のある、先に紹介した『放射線教育副読本』です。

目次には、「放射線を発見したのはだれですか」「放射線と放射性物質って、どんなものですか」「放射線を受けるとどうなりますか」など、放射線に関する基礎知識が学べるようになっています。その中で、「伊達市では、農業を支えるためにどんな取組をしていますか?」という一節がありました。このような記述があります。

「伊達市の重要な産業である果物の生産では、果実にセシウムが入らないよう、果樹の皮をはいだり、幹や枝を高圧水で洗浄したりしました。農家とＪＡが協力して努力した結果、収穫された桃やりんごなどに含まれるセシウムは、国の食品基準を大幅に下まわっています。」

私は、教育委員会の担当者の話をお聞きしながら、たとえば、農家の人がどんな思いで、苦労しながら、りんごや桃の果樹に高圧水で洗浄をくり返して、出荷の目処を出そうと努力しているのか。

そんな話を具体的に知るような記事の内容にできないものか、とふと思ったりしました。地域の産業（生業）に根ざした放射線に対する具体的な取り組みの記載ということです。

その後、富成小学校に行き、実際の放射線教育の取り組みを見学させていただきました。富成小学校は、当時、四学級、児童生徒数三八名、教職員一一名の学校でした。自然のゆたかな農村地帯で、水田や桃、りんご、ぶどう畑が点在する地域でした。豊かな木々に囲まれてという環境が逆に禍《わざわい》して、高い放射線量の影響を受け、子どもたちの多くはスクールバスやタクシーで登下校をしている、そういう環境のなかでの放射線教育の話でありました。

富成小学校の先生の話は、数値の説明など詳細にわたりましたが、私が心に残ったのは、レジュメにはあまり詳しく書かれていなかった次のような話のところでした。

すなわち、ある桃農家による、震災直後から桃の栽培と販売を再開するまでの「苦闘」を子どもたちに話してもらう機会をつくった、という点です。桃の実に放射能を検出させない除染（高圧水による洗浄）や栽培の工夫など、その農家の「苦闘」と呼ぶにふさわしい事実を知り、そして、桃の栽培を再開できたその農家のおじさんの喜びに触れ、子どもたちの表情は変わったというのです。そうして子どもたちは「今までまったく知らなかった放射線について知りたいという気持ちが」強くなったそうです。そこから「放射線に対する正しい知識を身に付けさせ、その恐怖心をできるだけ取り除き、心身ともに安全で安心できる生活をおくるようにしたい」との放射線教育をすすめてきましたと話されました。

私は、この富成小学校が震災以前からそうした桃農家とつながりをもち、農家の苦難を知り、その経験の事実を学校に持ち込んで、子どもたちにその農家の人が困難と努力を直接に語る場をつくり出したことに、学校としての高い力量を感じることができたように思いました。この桃農家の話を聞いてみようという発想は、それこそ、この地域のことをよく知っていた教師によるものだったのではないでしょうか。

放射線教育は、こうした地域の人びとの被災体験と結びつくことで、本当に、豊かに展開できるのではないのか、と考えたりしました。原発災害を受けた人びとの悲しみや怒りの感情を織り込んだ、そうした現実の生業の再生の努力と人間の強い意志をこそ、子どもたちに伝えること。私は、それを放射線教育と呼ぶことがいいのかどうか、やや戸惑いがありますが、大切なことは生活の破壊と再生の努力にしっかり向きあう、そういう地域と教育の課題を見極めることだと思うのでした。

私は富成小学校のある風景——桃とりんご畑が点在する自然豊かな風景を眺めながら、そのような考えを抱くようになったのです。

（4）　学校の再開と地域の人びと

同じ二〇一四年一〇月、私は、避難指示解除準備区域が解除となり、本来の校舎で学校再開となった田村市都路町の古道小学校に行きました。児童数六七名、教職員数一四名、学級数七学級（特別支援一学級)。除染後の校庭の空間線量は〇・一五〜〇・一七マイクロシーベルト/時。通学状況は、自宅に戻り学校に通わせている児童三五名、避難先の仮設住宅などからは三二名。まだ生活の諸事情で自宅に戻れない子どもが半数近くいました。

古道小学校の「学校再開後の概要」(二〇一四年一〇月付)には、地域の保護者の様子は「学校再開を歓迎しており、地域再生に向けた学校への期待感を強く感じている」とあります。「野菜栽培や郷土料理をはじめ、教育活動への惜しみない協力をいただいている」「授業参観や保護者会への出席率が高い。学校行事への協力やPTA活動も積極的である」とします。

子どもの様子では、「肥満傾向の改善、外遊びをする児童の増加」や「家族や命の大切さを思う気持ちがより強くなった」とし、そのように見てとれた理由に、七夕の短冊に込められた願いに「家族が幸せでありますように」「ずっと健康でくらせますように」とあったからだとします。これまでの短冊のような「野球選手になりたい、モデルになりたい」といったものとの違いを感じたというのです。学級経営の目標には、

「学び続けることで困難を乗り越える人間」

「人の痛みをわかる人間を育むこと」

とありました。私は「3・11」以降福島の学校をいくつか訪問させてもらってきましたが、こうした言葉はとても新鮮でした。あまり見受けなかった響きのある言葉でした。

私は、古道小学校の先生方の話をお聞きして、震災以前の元の状態に戻したいという先生方の気

持ちを理解できたように思いました。同時に、「3・11」以降、避難生活を強いられるなかで味わってきた経験を子どもたちがじっくりと語り合って、考え合う機会をぜひつくってほしい、という思いがこみ上げてきました。子どもたちなりに「元通りには戻れない痛み」や「癒《い》やせない傷」というものが経験されてきているのではないだろうか、とそんな考えがよぎったのでした。そのことをゆっくりと受け止める場が学校に用意されていいように感じるのでした。この古道小学校には、そんな期待を持たせる学校の雰囲気があったように直感したのでした。

『学校だより』（第五号、七月一日）には、田村市少年の主張都路大会で、五、六年生が都路に戻ってからの自分の思いを発表したことが載っていました。「学校再開の時に地域の方々から歓迎を受け、そのことを通して地域への感謝の思いと共に地域のために自分として何ができるのか訴えた発表」。「震災を乗り越えてきたことでかわってきた自分を見つめ直し、つらいこともこれからの自分の力にして取り組んでいこうと誓った発表」。これについて「子どもたちなりに震災から地域の帰還、学校の再開などについて率直にとらえ、そこから得たことをどう生かして進んでいくのかを子どもらしい言葉でそれぞれに訴えました」と綴られていました。

福島在住の詩人で高校教師でもある和合亮一さんは、「子どもたちが震災経験を見つめ合い、学び合い、共鳴し合える場所にしてほしい」と学校と教師に期待を表明しています。「子どもたちの感じていることは大人と全く同じで、震災を真っ正面から受け止め、向きあってきた」と述べ、「富岡町や浪江町、双葉町などで暮らしてきた子どもたちは避難を強いられ、全く知らない街で暮らしており、不安や戸惑いという不条理を感じているのではないか。大人の責任は、なぜこんなことが起きたのか、少なくとも言葉としてきちんと説明してあげることが必要だ」（「福島民友」二〇一四年一一月九日付）としています。和合さんは、経験を語り学ぶためには、「福島人としての誇り」を取り戻すことが大切だとも指摘していました。

学校が、子どもたちが震災体験を見つけあい、学びあい、共鳴し合える場になってほしい。難しいことかも知れませんが、古道小学校には、そんな思いを抱かせる何かがあったように感じました。地域の人びとに支えられた学校（地域の風景に溶け込んだ学校）には、その可能性が隠されている。そう思うのでした。

第11章　水俣病患者の語りと不知火の海

水俣に行きたいと思ったきっかけは、二〇一一年、福島原発災害の被災地を訪れたからであり、二つの被害地を重ねて考えてみたい、と思ったからです。

二〇一二年の秋から、私は年に二度ほどの割合で、水俣を訪れるようになりました。鳥取大学の一盛真《いちもりまこと》さん（現在は大東文化大学）と一緒に行くようになりました。一盛さんは、民衆と地域史、差別と教育史が専門で、沖縄やハンセン病患者の療養施設など、様々な地域や施設を訪ねては、聞き取り調査を重ねてきた方です。年齢は私の方が上ですが、聞きとり調査に関しては私の師匠でした。こんなふうにして人々と出会い、語りを引き出すのかという教えを受け、近くで研究の方法を学ばせてもらってきました。

一盛さんと二人で水俣という地域に入って、水俣病の患者さんの話をお聞きして、いったい、どんなことを考えてきたのでしょうか。とくに、不知火《しらぬい》海に面した水俣の風景と人々の生業《なりわい》と水俣病との関係がなぜ気になってしまったのか。その点をお話ししようと思います。

国家と企業によって人の命と生業を破壊され傷つけられた、その罪と責任をどう考えればよいのか。そして、その被害の当事者が国家と企業の罪と責任を問うことができるまでの主体になっていくには、どのような苦悩と努力が必要であったのか。ひと言で言えば、被害者が企業と国家にどのようにして向きあうことができたのか。私は、福島でぶつかったこの難問を水俣で考えてみたい、と思うのでした。

まだまだ考えが足りませんが、この国家と企業の責任を問うことができるまでの主体になっていくという、この問題を問い続けていくと、そこに、海に生かされてきた人々の生業＝不知火の海に生きる人々の風景というものの解明が、とても重要な問題の鍵を握るように思えてきたということでした。豊かな不知火の海に生きていたからこそ、水俣病と向きあい、企業と国家を告発することもできたという、そういう語りを水俣病の患者さんたちから聞き取ったように感じるのでした。

魚が泉のように湧いて出る海があり、海際の段丘に家を建て、庭先に野菜を作る。豊かで美しい海さえあればよくて、自然に寄りそうようにして慎ましく生き、しかし、海に生きる人間の矜持《きょうじ》をもっている。そうした不知火の海に生きる人々であったからこそ、水俣病に向きあい、国家と企業に立ち向かうことが可能となった、と考えるのでした。

私は、何かそのような不知火海の風景の解明が、とても、大切な問題になっているように思えたのでした。実際に、私自身が急坂の山あいの隙間から、美しく白く輝く不知火海を眺めたとき、

「なんてきれいな海だろう、人間がこの海とともに生きている」と思い、そこに大切な価値のようなものの存在を感じるのでした。それをうまく表現できるまでにはまだまだ時間がかかりそうですが、それに繋がる断片を記してみることにします。

第一節　水俣病患者と学校・教師への不信

気になる問題を最初に取り上げたいと思います。それは、水俣病患者が発する教師と学校への不信感についてです。

水俣病患者さんの語りには、ときどき、学校と教師を強く批判するものがあります。教師への不信感の表明です。これは、ずっと、気になる問題でした。

たとえば、栗原彬編『証言　水俣病』（岩波新書、二〇〇〇年）にはこんな証言があります。下田綾子さん（一九四四年生まれ）は学校体験をこんなふうに語っています。

「学校でもそうでした。朝は私が食事の用意をしたり、みんなのお弁当を作っていましたので、学校には遅刻ばっかりしよったんですけど、いつも先生は理由を聞かずに運動場の真ん中に立たせようったです。だから私は学校がいやでいやで、あんまりいきませんでしたが、先生がそういうふうだったもんですから、行ったときはみんなからいじめられました。掃除当番のときには、『奇病がうつって（うつるから）、机や椅子にさわんな』と友だちにいわれて、私はもう毎日、母ちゃんがおったらと涙が止まらなかったです。」

水俣病は社会病であり、患者は、身体と生命への加害に加えて、社会からの構造的で重層的な差別と排除を受け続けてきました。最大の受苦は、差別され、侮辱されることだったわけです。学校もまた、そうした差別の構造に組み込まれていたのです。

水俣病患者とその闘いに寄りそい続けてきた医学者の原田正純さんは、下田綾子さんのお母さんが「チッソも憎かばってん、学校の先生も憎か」とまで言うようになったことを紹介しています。そして、患者さんの家々を調査した経験の一端を次のように語っていました。

「小学校も調査した。ところが、学校の先生たちの差別、『これは何だろうか』と思ったよ。『患者の多い湯堂とか、茂道とか、あのへんから来る子どもは、勉強はでけん、いたずら者だし、汚れて、ぶきっちょで、どうしようもない。あの漁村集落の子が何人いるかで、そのクラスの質がきまる』って、先生があからさまに言うのよ。考えてみりゃ、単なる貧しさじゃなかったんですよ。」

（『対話集　原田正純の遺言』岩波書店、二〇一三年）

湯堂漁港

水俣病の教育実践は、そうした学校や教師の、患者に対する差別や侮蔑という事実への深い反省によってすすめられなければならない、と感じるのでした。学校という存在自体が、社会の差別構造に組み込まれてしまう。そうした体質を持っているのかも知れない。私は、水俣病という深刻な問題であればこそ、学校という存在の本質が突きつけられてしまうのかなと思うのでした。やや、抜き差しならない問題を抱えてしまったように感じていました。私たち二人が、まずは、患者さんの話をじっくり聞こうと思い、教師への聞き取りを後に回したのにも、こんな理由があったからかも知れません。

しかし、次の広瀬武先生の言葉を知って、ホッとするようにもなりました。

水俣の芦北地区の公害研究サークルで実践を重ねられてきた元小学校教師の広瀬武さんは、患者さんが漏らした「うちどんげ貧乏なところには、学校の先生は、いっちょんかもてくらっさんじゃった」という言葉が、今でも私の胸につきささって離れない、と語っています。

「当時私は、水俣一小で娘の由美子さん（中村シメさんの）を、四年生で担任していたのだが、中村さん一家は経済的に困窮していて、教材費等の納入がいつも滞っていた。私はその原因が、父親の水俣病に起因していることを知ることもなく、由美子さんが、毎日どんな思いで学校生活を送っていたのか、由美子さんに思いを寄せず、『早く持って来てね』と集金を催促していたのである。

今、改めて教師の罪深さを反省している。」

（広瀬武「教育と水俣病」『桑原史成写真集　水俣事件』藤原書店、二〇一三年、所収）

広瀬先生は、一九六八年頃から水俣病患者支援を始めていました。広瀬さんの言葉には、学校が地域に真に目を向けたとき、そして、そうするときにこそはじめて水俣病患者の受苦体験によりそう教育実践が可能になるのではないか、という思想があると思うのです。広瀬さんは、患者さんを教室に招いて、子どもたちに話を語ってもらう、そういう実践を始めていました。田中裕一（一九三〇～二〇〇三年、『水俣病の教材化と授業』明治図書、一九七三年）が水俣病授業実践を始めた時とほぼ同じ時期だと思いますが、広瀬さんの実践は、患者さんを学校に招いたという点で、特筆に値するのではないでしょうか。

私たちは、二〇一七年になって、やっと、芦北公害研究サークルの先生方とお会い出来ることになりました。手元に青表紙の『水俣病・授業実践のために　学習材・資料編〈二〇一六年改訂版〉』（水俣芦北公害研究サークル編、総八八頁）があります。公害研究サークルは、一九七六年に発足していますから、四〇年以上を経過しています。資料集の基本姿勢は「被害者に学ぶ」ということです。資料集の最後に杉本栄子さん（一九三八年～二〇〇八年）の「海が好き、人が好き、水俣が好き」という手記が載っています。茂道の漁師の家に生まれ、水俣でもっとも差別と偏見を受けた人の、海と水俣への讃歌です。

私は、水俣病患者の学校不信をしっかり胸に刻むと同時に、地域に出向き、患者の声に応えようとする教師の存在をきちっと考えなければならないと思っています。このサークルに集う先生方の「地域と水俣病患者への思い」をこれからゆっくりと聞き取っていきたいものです。

第二節　水俣病が生んだ思想

水俣病事件に四〇年以上かかわった原田正純さん（『水俣病』岩波新書、一九七二年、『水俣病は終わっていない』岩波新書、一九八五年、等の著書がある）は、熊本大学から熊本学園大学に移ってから、「水俣学」を提唱します。「水俣病事件の妖しい魅力」という表現を使って、その学問の意義をこんなふうに述べています。

「それは、これこそが正義だ、と大声を上げ、勧善懲悪式に裁断するような、単純な、薄っぺらなものではない。私を惹きつけてやまないものは、水俣病事件のもつ無限の底深さ、多様性の中にもはっきり見えてくる法則性であった。さらに付け加えれば、水俣病の患者たちと彼らが暮らしてきた風土のもつ魅力、懐かしさと言うべきか、原風景というべきか、なにかしら十分には説明できない懐かしさであった。」

（『豊かさと棄民——水俣学事始め』岩波書店、二〇〇七年）

水俣病は「時として過酷でもある辛《つら》い現実を映し出すこともあったが、時にはそこに、人間がもつやさしさ、たくましさなど、希望のきらめきを捉えることもできたのである」としています。水俣病患者らが暮らしてきた風土、なつかしさ。そこには、人間のもつやさしさなどが発見される。大変な魅力があると述べています。その魅力はどこから生じてきたのか、解き明かしてみたい。水俣学はその解明であったと述べているのです。

チッソを告発し、熊本県行政を裁く水俣病患者らの力の根源は、不知火海に囲まれた風土と風土がもつなつかしさにあるのではないのか、と原田さんが言っているように、私は思うのでした。このなつかしさとは何か。私は、女島の急峻《きゅうしゅん》な崖に立って、不知火海を眺めたとき、一瞬、それを感じたように思うのです。それを探り出していきたいのです。

石牟礼道子さんの『苦海浄土』（講談社文庫、一九六九年）を読んだ時のことです。『苦海浄土』は、水俣にあるチッソという私企業の化学プラントからの廃液に含まれる有機水銀による中毒患者の苦しみを基点とします。そして、日本の社会と国家の欺瞞《ぎまん》を告発しています。この本は、読んでみて、あらためて気づくのですが、チッソがいかにひどいか、厚生省がいかに悪いか、という告発の文章だけで構成されていたわけではありません。「幸せな暮らしがこんなにあったのに」という文章がたくさんちりばめられていました。水俣の漁師がかつて不知火海でいかに至福な生活をおくっていたか、という表現に出会うのでした。『苦海浄土』には、残酷さと幸福さの表裏の描写があるのです。

江津野杢太郎少年は排泄《はいせつ》すら自由にならぬ胎児性水俣病です。父親もまた水俣病に罹《かか》り、母親は水俣を出ていきました。「杢」（杢太郎少年の愛称）は、祖父が生活のいっさいの面倒をみています。

「杢は、こやつぁ、ものをいいきらんばってん、ひと一倍、魂の深か子でござす。耳だけが助かってほげとります。

何でもききわけますと、ききわけはでくるが、自分が語るちゅうこたできまっせん。」

語ることを奪われるような日々を送らなければならなかったのですが、この子どものなかには賢者の魂が育っている、というのです（若松英輔『悲しみに真実を見る　石牟礼道子　苦海浄土』NHK100分de名著、二〇一六年）。

「杢」の祖父は漁師の暮らしを語ります。夫婦で舟を漕いで朝の海に出て、捕った魚を舟の上で刺身に仕立て、飯を炊き、焼酎を差しつ差されつ共に食らう喜びを、かつて持ちえた人間の喜びを伝えます。

「魚は舟の上で食うのがいちばん、うもうござす。舟にゃこまんか鍋釜のせて、七輪ものせて、茶わんと皿といっちょずつ、味噌も醤油ものせてゆく。そしてあねさん、焼酎びんも忘れずにのせてゆく。」

「不知火海のベタ凪《な》ぎに、油を流したように凪ぎ渡って、そよりとも風の出ん。……さあ、そういうときが焼酎ののみごろで。」

「かかよい、飯《まま》炊け、おるが刺身とる。ちゅうわけで、かかは米とぐ海の水で。沖のうつくしか海で炊いた米の飯の、どげんうまかもんか、あねさんあんた食うたことのあるかな。そりゃ、うもうござすばい。ほんのり色のついて。かすかな潮の風味のして。」

「あねさん、魚は天のくれらすもんでござす。天のくれらすもんを、ただで、わが要ると思うしことって、その日を暮らす。

これより上の栄華のどこにゆけばあろうかい。」

（『苦海浄土』第四章「天の魚」）

かつて、水俣病患者や家族がいとなむ海上生活がどのような至福でありうるのかということが、しみじみと感じられてくるのでした。苦海は浄土でもあったのです。

水俣の方言に包まれて、魂が解きほぐされていきます。柔らかくなって、みずみずしい心を得たようです。それがかえって、水俣病を生みだした企業（チッソ）と国家への怒りと憤りを誘い出すのでした。

鶴見俊輔は、石牟礼道子さんの文学をとらえて、こう話します。

「何かほのぼのとした感情。それが、水俣病に出会ったとき、そのもとをつくった会社に立ち向かって退かない力をつくる。

ここには、欧米の科学が日本の国策によって輸入され、国家によって育成されてから、国民のあいだに広く分かちもたれた科学言語と平行して、民衆の生活の中に受けつがれてきた共同の感情言語がある。」

（鶴見俊輔「私たちの間にいる古代人」、『花を奉る　石牟礼道子の時空』藤原書店、二〇一三年）

何かほのぼのとした感情＝言葉。この感情こそが企業（チッソ）に立ち向かって退かない力をつくり出すという鶴見の見解に、私は目を見張りました。国家と企業に対する科学的で厳密な認識は当然大切なことではあるだろうけれど、何かほのぼのとした感情と言葉こそが、罪を背負う企業の人々を畏怖《いふ》させ、震え上がらせる力を呼び起こすことにもなるのだ、ということなのです。

鶴見和子は、石牟礼文学に「人々の深い魂の叫びを宿す天草ことば」を発見します。

「急激な工業化に伴う不知火海の汚染による水俣病で悶死した人間をふくむあらゆる生きものと、生きながらことばを失った人々との深い魂の叫びを、天草ことばに根ざして、かの女が創出したリズミカルな石牟礼道子語によって、生き生きと語り伝える。天草の乱によって、凄絶な戦死を遂げた農民漁民の熱い念願も伝わってくる。」（鶴見和子「独創的な巫女文学」、『花を奉る』前掲）

石牟礼道子さんには、一九七二年に水俣病患者が行ったチッソ東京本社ビル内における長いたたかいに触発されて島原の乱（一六三七年）を描いた『アニマの鳥』（筑摩書房、一九九九年）がありま す。私と一盛さんは、天草に渡り、島原の乱（キリシタンの乱）ゆかりの土地を訪れ、さらに、島原半島に行き、一揆の民衆が立てこもった原城跡地に立ちました。封建制の時、地上の強大な権威に立ち向かうことができた民衆の精神のありか。内面的価値に依拠して、その内面を守るために目の前の政治権力に抵抗する精神の伝統。天草ことばに根ざした熱い念願の根拠こそ、水俣病患者のたたかいの源泉であると石牟礼さんは思ったのでしょう。私たちは、天草の風景を望みながら、石牟礼道子さんの世界を少しでも解き明かしたいと思うのでした。

『常世の舟を漕ぎて』（世織書房、一九九六年）、『チッソは私であった』（葦書房、二〇〇一年）の著作をもつ女島の漁師・緒方正人さんへの聞き取りは印象深いです。水俣へ訪問して最初の聞き取りでした。

緒方正人さん（一九五三年生まれ）は、一九五九年に父親を急性劇症型の水俣病で亡くしていま す。この頃、ご自身も発病。七四年に認定申請し、八一年に申請協会長に就任。ところが、八五年に認定申請を取り下げます。八六年に、単独でチッソ工場前に座り込み、九四年に患者・有志で

「本願の会」（石牟礼道子さん、原田正純さんらも参加）を発足させています。

正人さんは、なぜ、申請を取り下げたのでしょうか。ご自身は「狂いながらの総括」と表現していますが、そこに私は、受苦体験を越える人間精神の顕現ともいえそうな、とても大切な考えの深化があったように感じております。

正人さんは、最初、父親の狂死を見て、チッソへの怨念《おんねん》をたぎらせました。恨みの深さはたたかいのエネルギーの深さでありました。ところが、「チッソから本当の詫びの言葉をついに聞くこともなかった」のです。人間として相対してくれ、という叫びにチッソも行政もついに応えてくれませんでした。水俣病の責任は、結局、システムの責任に転嫁されてしまい、「人間の責任という一番大切なものが抜けおちてしまった」のでした。

さらに正人さんは考えます。「儲かって儲かって仕方ない時代に、自分がチッソの一労働者あるいは幹部であったとしたらと考えてみると、同じことをしなかったとはいい切れない」のではないのか。「チッソは私自身であった」という発見でした。

こうして、「罪とか責任というものを共に負いたい、あんたたちばっかり責めんばい。私も背負うという気持ちになった」といいます。チッソは追及の対象ではなくなり、呼びかける対象に変わるのでした。チッソのなかの人間の部分への呼びかけがはじまるのでした。「考えて考えて苦しんで、その苦悶の中にものすごい振幅があったから、命への向かい方が本源的といいますか、根源的といいますか、人間的だったと思うわけです」。ですから、「人間としての格からいえば最初からこっちの方が（チッソに）勝っとった」というわけです。

「水際のところで魚をとって生きている、からいもや野菜を作って生きている。そういういのちのつながりの中で自分達が生きてきたということ」であり、「そのいのちのつながりを断ち切ったのが、水俣病事件」だったのだという確信にたどり着きます。

「命の尊さ、命の連なる世界（不知火海の命の豊饒《ほうじょう》さ）に一緒に生きていこうという呼びかけが、水俣病事件の問いの核心ではないのか」。このような結論を正人さんは得るのでした。

私は、水俣病認定の裁判闘争が人間の責任という大事な問題を抜けおとしてしまうという裁判システムのあり方に疑問を発した正人さんの考えはとても大切であると思いますが、それ以上に注目したいのは、加害と被害の関係を含む大きな輪を描いて、その中で人間とは何かを深く誠実に問う試みを正人さんが行ったことです。人間とは何かという、本源的な問いを獲得することができたこと。本源的な問いとは、不知火海の豊饒さとともに一緒に生きていくことこそ人間の本来のあり方そのものではないだろうか、という呼びかけのことです。

不知火の海が悪魔（チッソ）が降り立つ場所として選ばれましたが、同時に、その場所は神が舞い戻る場所でもあったのであり、是が非でもそうしなければならない、と正人さんは言います。

人間精神が開花する可能性を秘めている場所。不知火海の水俣とはそういう地域であるとします。

私は、この正人さんの考えの深化のプロセスがとても魅力あるものだと感じました。「そこには（水俣病患者のこと）、この深い受苦体験を越えて、人間精神の可能性を現わす純度の高い倫理感性と受難の超克にむけての生命の戦いがみられる」（宗像巌「水俣の内的世界の構造と変容」、色川大吉編『水俣の啓示』上、筑摩書房、一九八三年）。

受苦体験を越える人間精神の可能性。たしかに、私は水俣で、水俣病者に高い倫理感性の存在を感じていました。そして、その依ってきたる思想の根源を探りあてたいと思っているのです。

第12章　沖縄戦の思想化

第一節　沖縄との出会い

私のこだわりのなかにある「人間と風景の思想」について最後に書きたいことは、沖縄のことです。

福島に行った時も、水俣を訪れた時にも、私は、いつもかなり緊張した気持ちを抱えて、そこで出会う人々の話を聞いていました。この地に来たからには、自分で見たものや聞いたこと、あるいは感じたことには、いま考えられるぎりぎりの言葉でよいから正直にその感想を述べてみる、という義務感のようなものがありました。自分はこの現実に対し何もできそうにないが、こうした現実を知ったからにはこんなふうにして自分の生き方や考え方をあらためてみたい、という気持ちの変化だけでも明らかにしておくべきと思っていたように思います。

沖縄を訪れた時にも、心持ちは同じであったように思いますが、沖縄への旅は、その最初は家族との観光旅行であったのです。戦争があった島に遊びに行くという「うしろめたさ」はありましたが、何度かの観光と調査旅行を重ねることで、沖縄の風景とともに感じられた沖縄戦というものを自分なりに思想化しなければならないな、としだいに思うようになりました。

私は一九八〇年に東京都立大学大学院教育学研究室に入学しました。このことは先に触れました。指導していただくのは山住正己先生（日本教育史、故人）と決め、日本近現代教育思想史を専攻していくことになります。他に、小沢有作先生（民族教育論、故人）と坂元忠芳先生（発達思想史）もおられ、このお二人の先生からも研究上、多大の影響を受けることになります。

私は、修士論文で、戦前の優れた教育行政学者として知られる阿部重孝（東京大）の教育制度論を検討しました。引き続き、戦時下のいくつもの教育改革論を調べていき、一五年ほどかかって、博士論文『総力戦体制と教育科学』（大月書店、一九九七年）を出しました。これは、戦時下における教育学者の「抵抗と転向」をめぐる思想史研究でありました。一九三〇年代のはじめ政府の教育政策の批判者として立ち現れた教育学者が、一九四〇年頃を転機に、なぜ、国策（侵略戦争）に協力する意思＝転向を表明してしまったのか、その原因を解くことが大きな課題でした。それは、自分がその時代に生きていたならどんな態度がとれただろうか、という問いが含まれていたようにも思います。さらに、二〇年ばかりかかって、『植民地支配と教育学』（皓星社、二〇一八年）を刊行しました。大東亜共栄圏期（一九四〇～一九四五年）に、ほとんどの教育学者はなぜ、先を競うようにして植民地主義を肯定する言説を表明していくのか、その「躓《つまず》きの石」は何だったのか、戦後七〇年が経っても検討されずにきた問題に向き合ってみようとしました。

私の専門は日本近現代教育思想史研究であると名乗れるのも、山住先生と坂元・小沢両先生の思想史研究の広さ・深さ、そして主張の強烈さによる影響であると感じております。私の沖縄への関心（差別の歴史、抑圧の歴史）も徐々にではありましたが、こうした日本近現代教育思想史を学ぶ中でつくられてきたものでした。

たとえば、山住先生はこんなふうにして沖縄について述べています。『子どもの歌を語る』（岩波新書、一九九四年）では、唱歌「蛍の光」（『小学唱歌集』一八八二年～八四年）と「琉球処分」（一八七九年、琉球藩を廃し沖縄県とする）の関連に触れ、歌詞の四番「千島の奥も沖縄も」「八洲《やしま》のうちの守りなり」を沖縄の教師に紹介し、「沖縄の方々が、こんなに早く自分たちの土地が日本という国の南端を守る地域として位置づけられていたのかということを知って、怒りをこめて複雑な顔つきをされた」、と書いていていました。また、敗戦後すぐの沖縄について述べ、戦後日本における自主的な改革の動きの例として真っ先に沖縄をあげ、沖縄戦を体験した人たちの思想を探るということを試みています（『教育理念：戦後日本の教育改革2』東京大学出版会、一九七六年、堀尾輝久との共著）。山住先生は沖縄県知事まで務められた大田昌秀さんの『沖縄のこころ』（岩波新書、一九七二年）に触れ、沖縄本島中部の屋嘉捕虜収容所にいた大田さんの考えを、以下のように引用します。

「『国家意志』とか『国益』といった空語に、自分の全存在をゆだねることなく、こんどこそ、みずからの人間的願望にもとづく主体的な生き方を求めて生まれ代わりたいと切実に願った。」

（『沖縄のこころ』）

山住先生にとって沖縄（沖縄戦）は、日本の近現代教育史とは何であったのかを考える上で、とても重要な試金石であったのだと思います。私は、山住先生に倣《なら》い、沖縄に学ぶ自分なりの近現代教育史像をつくりたい、と思い続けてきました。

第二節　沖縄観光旅行から「沖縄戦の思想化」へ

私は、中部の万座ビーチや北部本部町近くの瀬底島《せそこじま》などで、エメラルドグリーンの海を楽しみました。泡盛を飲み比べ、沖縄そばを食べ歩き、豚肉料理や豆腐料理を満喫していました。首里城や今帰仁《なきじん》城跡、勝連《かつれん》城跡に立ち、琉球王国・文化の歴史と矜持《きょうじ》に想いを馳《は》せ、「亀甲墓」を見つけては先祖を大事にする沖縄の伝統を感じ、やちむん（焼物）の里の窯めぐりをしては、ペルシャブルー（大嶺實清《おおみねじっせい》）の瑠璃《るり》色の皿に魅せられたりしました。渡嘉敷島や石垣島や竹富島で海水浴に遊び、西表島《いりおもて》ではマングローブに驚いたりしました。私の記憶に残るこれらの風景は、沖縄の自然と人々の暮らしの豊かさと伝統と誇りある生活でした。

一方、私は、豊かさとは異質・対極にある沖縄の景色を見ています。水俣を一緒に歩いた一盛《いちもり》真《まこと》さんのガイドで、普天間基地や嘉手納基地を見て回りました。ほとんどの観光ガイドブックには載っていない（目をつぶっている）巨大米軍基地です。基地には、日の丸と星条旗が並んで翻っていました。一九五九年に、米軍ジェット機が金武《きん》湾側の石川市（現うるま市）の宮森小学校に墜落し死者一七名を出していますが、その小学校をひっそりと訪れたりしました。

南部のサトウキビ畑の中を車で走っていくと、やがて青い海が見えてきます。沖縄戦の戦場となったところで、鎮魂の地としていくつもの慰霊碑が立てられています。糸満市には、「ひめゆりの塔」と「ひめゆり平和祈念資料館」があります。二つの建物は、赤い瓦屋根が美しく、さまざまな色の花と木々に包まれていました。

ひめゆり祈念館に入ると亡くなった女生徒の一人ひとりの写真が展示されていました。おかっぱやおさげの少女たち。あどけなさが残る笑顔もありました。ひめゆり学徒隊はなぜ編成されたのでしょうか。その犠牲の数はいったいどれくらいだったのでしょうか。この資料館は一九八九年に建てられましたが、なぜ、戦争が終わって四〇年以上経ってしまったのでしょうか。戦争体験を語る困難さが想像されました。しかし、建てなければならなかったのです。

私は、青い海が見える、花と緑に彩られた広大な平和祈念公園のゆったりした時間の流れの中で、沖縄戦のことを考えるほかなかったように思います。それまで沖縄戦については何も知るところがなかった私は勉強をはじめました。印象深かった本の一つ、鹿野政直さんの『沖縄の戦後思想を考える』（岩波書店、二〇一一年）が指摘する「沖縄戦を思想化した」屋嘉比《やかび》収《おさむ》さん（一九五七年〜二〇一〇年、日本近現代思想史・沖縄学、『沖縄戦、米軍占領史を学びなおす』世織書房、二〇〇九年、以下の記述は同書による）の仕事について、ここで述べてみたいと思います。

沖縄戦については、文科省が行う教科書検定の際に、その記述をめぐって重要な問題が起きました。ことの経緯は複雑で、ここで詳細は論じることはできませんが、問題の核心はこうです。

慶良間《けらま》諸島や沖縄本島の地で起きた沖縄戦における「集団自決」について、二〇〇七年、高等学校用歴史教科書に対する文科省の検定意見は、日本軍の関与や強制を認めず、削除の指示をおこなったということです。「集団自決」における日本軍の強制・関与の事実を削除することで、沖縄戦で住民自らが死を選んだようにしてしまったのです。文科省は、「集団自決」は国を守るための沖縄住民による「崇高《すうこう》な犠牲的精神の発露」だという解釈を押しつけてきたのです。この年、教科書検定意見撤回を求める県民集会が一一万人を集め、開催されました（この集会がいわゆる「オール沖縄」の出発点とされます）。

多くの地域で起こった「集団自決」の実態は、それを取り巻く状況や環境によって多種多様でありますが、日本軍（第三二軍）の存在と日本軍による強制と誘導が決定的な要因であることは疑いないということでありました。これは、さまざまな調査や文献から明らかでした。「集団自決」は、日本軍の強制や関与・誘導抜きに論じることはできないのです。日本軍と住民との間にある上意下達のタテ構造による強制は厳然たる事実であったのです。まさに、「集団自決」は「強制的集団自決（強制集団死）」であったのです。

一一万人を集める撤回集会は怒りの意思表示でした。私は、文科省の検定意見は皇民化教育を含めて沖縄戦の全体構造への理解欠如であり、日本軍の責任を限りなく曖昧《あいまい》にし、沖縄県民に責任を転嫁する構図の押しつけであると考えました。犠牲を讃美して、日本軍みずからの失態や無謀な作戦の責任を隠す、戦時下大本営の「玉砕」の思想そのものだと思いました。「玉砕」の思想ほど、戦争指導者に都合のよいものはなく、指導者はいつも、犠牲は自発的であって強制ではないと主張できたからです。沖縄の人びとを差別・排除しつつ日本人化を試みた皇民化教育への反省を欠如させ、玉砕の思想を引きつぐ検定意見は許されないでしょう。

私はそのように思ったのですが、屋嘉比収さんは、ここにとどまることなく、さらにさらに沖縄戦の「集団自決」の本質を深めていくのです。

屋嘉比さんは、渡嘉敷島の「集団自決」で母親と弟妹の三人に直接手を掛けた金城重明さんの「地獄絵さながら」の語りに注目していきます。金城さんの語りは詳しく紹介できませんが――文科省が意図する「崇高な犠牲的精神の発露」とは、実際のところこのような阿鼻叫喚《あびきようかん》地獄の惨状を呈していたわけです――金城さんは、生き残った後で米兵に陵辱《りようじよく》されるよりは、「愛するがために」と自らの母親弟妹に手を掛けた状況を語っていました。生き残って米兵に捕まると陵辱され殺害されるからと、金城さんはじめ住民はそのように教え込まれ信じていました。生き残ることへの恐怖心と焦燥感にかられ、「集団自決」は起こされていきます（金城重明『「集団自決」を心に刻んで』高文研、一九九五年）。

屋嘉比さんは、「愛するがために」に母親弟妹に手を掛けたという金城さんの悲痛な心情を決して否定するものではないのです。ただ、渡嘉敷島の「集団自決」には、戦争を不可避の宿命のように受けとり、それを相対化することができずに、支配者の巧妙な思想に同調する共同体の論理という認識の弱点があり、それは問われなければならないと考えたのだと思います。そのようなきびしい考え方を持ち込まなければならないのではないのか、と。タテ構造の強制の末端にある家族や個人が、その構造的強制下の状況の中で、親が子に手を掛け家族同士で殺し合う、まさに転倒した「集団自決」がなぜ起こってしまったのか。それを回避する術は生まれなかったのか。問題は依然として残されたままではないだろうか。屋嘉比さんは、そのように考えます。

なぜ、「集団自決」の犠牲者の八三パーセントが女性・子どもであったのか。ここには、家父長制の中の抑圧構造も考えられます。軍隊と住民のタテ構造の中のもっと奥に、別の不平等な抑圧構造があるということでしょう。

屋嘉比さんは、金城さんの悲痛な心情が、歴史修正主義者によって「家族愛」の物語に流用され、転用される危険性をのべています。たとえば、曾野綾子氏は、国に殉じるという美しい心で死んでいった人々を、なぜ、命令で強制されたものとして、貶《おとし》めようとするのかとのべ、「殺される人間の方が楽であった」「愛をもって殺す側の苦しさを、殺されるほうがよく知っていた」と書いていました。そして、藤岡信勝氏は曾野氏の考えに賛意を表し、「愛なくしてはあり得ない合理的な行為であった」と犠牲の崇高さを強調してみせます（拙著『「誇示」する教科書』新日本出版社、二〇一九年、参照）。屋嘉比さんは、こうした考えの問題を危惧《きぐ》したのだと思います。

肉親を米兵に蹂躙《じゅうりん》されるよりは、「愛するがために」と自分自身で手に掛けたという事実。しかし、その「愛するがために」という思考は戦争を不可避とする同調の論理、すなわち「死に準拠した共同体の自殺の論理」であり、それを批判し超え出るものではなかったと屋嘉比さんは考えます。この共同体における自殺の論理に亀裂を入れること。「自決」に誘う「共同体の声」ではなく、それに亀裂を入れることのできる「他者の声」こそが重要な問題になってくるのではないのか、と屋嘉比さんは言います。「集団自決」の問題を思想的に考えると、愛するがためにということをいかに克服するかこそが、沖縄の戦後思想における決定的な課題であるということになります。

「共同体の声」（共同体の自決の論理）に亀裂を入れる「他者の声」とはどのようなものなのでしょうか。そのようなものははたして存在していたのでしょうか。

屋嘉比さんは、極限的な共同体的構造のなかにあっても「他者の声」を聴いて別個の行動を起こした人々の証言を注視します。たしかに、「他者の声」（もちろん、家族や親戚の声も含まれる）を聴き、囚《とら》われていた「共同体的な死の論理」を断ち切り、「集団自決」を回避して生きのびた人々はいたのです。そのような証言はいくつもあったのです。屋嘉比さんは、丁寧にそのような証言を示していきます（たとえば謝花直美『証言　沖縄「集団自決」――慶良間諸島で何が起きたか』岩波新書、二〇〇八年、参照）。

屋嘉比さんが、とくに注目したのは、読谷村《よみたん》の二つのガマ――チビチリガマとシムクガマにおいて見られた二つの対照的な住民の戦争体験です。チビチリガマには、地元住民の一三九人が避難し、そのうち八三人の住民が、親が子を、子が親をと、肉親に自ら直接に手を掛ける「集団自決」が起き亡くなっています。他方、チビチリガマから約一キロ離れたシムクガマでは、避難した村人が一〇〇〇人あまりいましたが、「集団自決」に追い込まれることなく捕虜となって生き残っています（下嶋哲朗『沖縄・チビチリガマの〝集団自決〟』岩波ブックレット、一九九二年、参照）。この違いはなぜ生じたのでしょうか。

チビチリガマでは、「自決」の賛否をめぐって激しい口論がありましたが、村人と一緒に避難していた中国に出兵した経験をもつ在郷軍人と中国戦線に同行した従軍看護婦の言動が「集団自決」に導く大きな要因になったとされます。屋嘉比さんは、日本軍の東アジアでの蛮行がチビチリガマにおける「集団自決」へつながったと述べています。

一方のシムクガマでは、ハワイに渡った農業移民の経験のある二人の村人の判断が大きかったとされます。チビチリガマ同様に、いったんは「集団自決」の意思が広がりますが、二人の声が場を転換させます。二人は英語が話せたゆえに非国民扱いされていましたが、「民間人に対してアメリカ兵は手向かいしなければ殺さない」と皆に話し、ガマの外に出て米兵と交渉する行動にでます。

これによって人々は救われます。

ガマのなかのいくつかでは、「集団自決」をめぐって議論があったのです。「集団自決」に反対する人も少なからず存在していたのです。「集団自決」の圧倒的な声が吹き荒れるガマの中で、子どもや老父母を含めた「他者の声」が、「集団自決」を執行しようとした共同体の論理に縛られた自己の声に亀裂を入れる、そのような決定的な分岐があったということです。自分自身を縛りつけていた「死と自決の共同体の論理」を破る決定的な分岐の機会があったのです。亀裂を入れた「他者の声」を聴いて、そこから生き残った人々の行動と思想。沖縄戦を学びなおす課題の一つはここにある、と屋嘉比さんはとらえたのだと思います。

屋嘉比さんは、私より少し若い（一九五七年生まれ）同じ世代に属する、沖縄戦についての非体験者でした。非体験者としての自分が、いかに「当事者としての沖縄戦」を継承・獲得していけばよいのかと身を切るように問います。家族同士が殺し合うという転倒がなぜ生じてしまったのか、それを自分の問題として、「私自身が起こすかも知れない」と考えることが肝要だとする「非体験者としての自覚」を屋嘉比さんは述べていました。

私は、同世代のひとりとして、屋嘉比さんが表明した研究的自覚＝沖縄戦の思想化に少しでも近づきたいものだと思うに至りました。

第三節　沖縄金武湾より――安里清信の思想「生存権の根っこ」

私は、どこかで、沖縄と水俣と福島をつなぐ「権力の犯罪と民衆の抵抗の思想」を探しているような気がします。沖縄・伊江島の反戦平和の基地闘争をたたかい抜いた思想家阿波根昌鴻《あはごんしょうこう》が一九五四年に書いた「陳情規定」には、こうあります。

「人間性においては、生産者であるわれわれ農民の方が軍人に優っている自覚を堅持し、破壊者である軍人を教え導く心構えが大切であること。」

（阿波根昌鴻『米軍と農民』岩波新書、一九七三年）

占領者にたいし、生産者としての人間性において優位に立つとの誇りがとても印象に残ります。同じように、水俣病事件を闘い続ける水俣病患者の緒方正人さんは、こう言っています。

「命の尊さ、命の連なる世界に一緒に生きていこうという呼びかけが、水俣病事件の問いの核心ではないのか」。だから「裁判闘争だ水俣病闘争だと力まなくたって、人間としての格からいえば最初からこっちの方が（加害者であるチッソや国家に）勝っとった」。

（『チッソは私であった』葦書房、二〇〇一年）

私は、二人の思想に、強大な権力に向き合うことになれば、このような人間形成に関する思想的矜持を形成させずにはおかない、ということを感じます。こうした人間形成の思想を見つけ出したいものです。

私は、民衆の立場に徹し、日本国家の営みを根本から批判し、考えなおす思想を生みだした屋慶名《やけな》の反開発の民衆運動家・安里清信《あさとせいしん》さんについて述べてみたいと思います。

安里清信さんは、沖縄島中部東向き金武湾に面した与那城《よなしろ》村（現うるま市）屋慶名の人です。一九一三年生まれ。嘉手納の農林学校を卒業した後、戦前は朝鮮で、戦後は沖縄に帰って屋慶名で、それぞれ教員をしています。戦中は、兵役に服し、仁川で敗戦を迎えますが、除隊前に伴侶と子ども一人を自決で失う体験をなめています。

一九六七年に、金武湾を埋め立て、大規模な石油備蓄基地ＣＴＳ（Central Terminal Station）とコンビナート建設の計画が持ち上がります。一九七三年、「金武湾を守る会」が結成され、安里さんは代表世話人になります。金武湾ＣＴＳ反対闘争に全身全霊を傾け、闘争の理念と思想について深い思索を展開していきます。やがて、工事は完成し、石油タンクが設置されて操業は開始され、運動は敗北をきっしますが、安里さんの「生存権の根っこ」という個性豊かな思想は残ります。一九八二年に逝去《せいきょ》、享年六九歳でした。

私は、一盛さんと一緒にこのCTS石油備蓄基地を訪ねていますが、海中道路を通って美しい伊計島ビーチに行く手前、平安座島の埋め立て地に、高い塀に遮《さえぎ》られるようにして（注意しなければ気づかない）巨大な石油備蓄タンクがいくつも並んでいま立っています。

安里さんの思想は、『海はひとの母である――沖縄金武湾から』（晶文社、一九八一年）で知ることができます。彼の思想は端的にいえば「生存権」の思想といえます。生存基盤としての自然と海を守り抜き、それと一体的な生き方をもとめるものこそ生存権の思想であり、倫理的な価値観を宿しているように思います（以下の記述は、花崎皋平『田中正造と民衆思想の継承』七つ森書館、二〇一一年、参照）。

なぜ、石油備蓄基地に反対したのでしょうか。安里さんは、次のように述べます。

「当時は海に対する認識だとか開発による自然破壊だとかいう考え方は非常に弱くて、今日これだけの破壊をもたらす結果になるということはほとんど知られていなかった。『県』も基地経済からの脱却ということを、自然環境の変貌ということよりも優先して動いたわけですよね。その結果として、油汚染が出ましても湾内で停滞するとか、潮の流れが全然なくなって、滞留型の金武湾にかわってしまった。つまり潮の流れというのは海が生きていることの証拠なんです。その海の動脈を断ち切ってしまったのですから、病気の状態の金武湾になってしまったのは当然なんです」。

「自然を軍事海域と石油基地にして、事故のたびにわずかな補償金をもらっては息をつくという他力的な生き方、これをまっこうから否定して、みずから生きる力をつくりだし、自分たちが自分たちの海で生きていく生き方――それが真の人間としての、地域を活かした生き方であって、その生存基盤を軍事海域だとか石油基地にしてしまっては、未来につながる生き方としてはとうてい駄目だと思うのです。」

基地経済からの脱却という沖縄県の経済開発の期待は、最後には、日本の備蓄増強政策にねじ伏せられていきます。安里さんは、県と日本政府の「開発の論理」のまやかしを「生存権」の思想で批判していくのです。

沖縄は無数の島々からなり、島々は裾礁《きよしよう》に囲まれています。珊瑚《さんご》が沖縄という国を造ってきたのであり、珊瑚はまた豊かな魚礁でもありました。安里さんは、海というものはすべての人を育てる大きな役割をもっており、「海はひとの母」なのであって、その生存の根（珊瑚）を破壊し根絶やしにする開発は絶対に許されないものと思われたのです。

住民運動が生存権の根の思想に依拠するとき、人々は限りなく抵抗の力を発揮し、自己変革を遂げていくものとなります。

「住民運動というのはやっぱり、そこに住んでいる人たちが国策の強制にさらされて、いかに自己をとらえ、みずからの内部にあるものを表面に押しだしていくのかというところに成立するんじゃないですかね。むかしだったらそのまま圧迫されて、そのまま葬られてしまったんですが、現代はそういうことじゃいかん。私も同様な人間なんですけれども、もうすこししっかり根をもって、自己変革──それをみんなでやっていくことで、正しさというものを立証していかなくてはならん。」

圧迫されたままで生きていくことはできない。みずからの人間としての証《あかし》を表面に押しだして、人間としての正しさを実証していく、そのような課題の前に沖縄の人々は立たされているとするのです。

みずからの人間としての証を表面に押しだすという安里さんのこの考えは、沖縄戦を含めて近代以降、沖縄の人々が長く抑圧され、差別の中で苦しんできたという経験と記憶から生みだされてきたものでもあったのです。安里さんはこんなふうに沖縄の人々の歴史を語ります。

「一般庶民がその時代のなかでいかに生きたかというところは、沖縄の歴史のなかにはなかなかでてこない。（中略）とくに第二次大戦でいためつけられて、家族を失って、どうやって焼野原から生きのびてきたのかということは、その一人ひとりの場合を克明に記録しておく必要があると思うんです。そのようにして自己を発見しなおすというところから、自己変革ということがでてくるんじゃなかろうか。」「自分で舟を漕ぐ力というのは、そこからしかでてこないんじゃなかろうかと思います。とりわけ沖縄の場合は、大きな歴史的潮流によって押し流される一方で、みずから漕ぐということができなかった。そういう歴史を押しつけられてきたわけですからね。」

自らの舟を漕ぐ力量を形成するためにこそ庶民の歴史を学び、自己を発見し、自己の誇りを取りもどすこと。安里さんには、沖縄民衆の苦難の歴史に対する敬意とそれを引き継ぐ強い自覚がありました。

金武湾ＣＴＳ闘争では、同じ運動の老人仲間である大城フミさんが機動隊とにらみ合ったとき、即興で琉歌を作って機動隊に相対します。歌でもってたたかいの相手を攻撃するという最高の形式の発見。安里さんはこれをこう解釈します。

「弾圧によってそれぞれの人間の内部にひめられていた文化的な力が一挙に爆発した。こんどのたたかいもそうなんだ。弾圧があっても、みずからはねかえす力がある。歌って踊って反撃するという私たちの考え」。

運動が一つの楽しみに変わっていきます。自分たちの存在にあったたたかいの文化を内部から表出することで、自己変革もいっそう豊かになっていきます。安里さんはいいます。

「われわれの運動の課題は、底辺の人間たちがいかに現実のなかに充実した生活を構造化しうるかということであって、みずからの生活基盤をがっちりさせておけば、おのずから国策を批判していくよさもでてくる。」

安里さんは、どこへいっても樹を植えたり畑仕事をする教師だったそうです。私は、沖縄の自然と人間を別々のものとしてではなく、一体のものとしてとらえるこの「生存権の根っこ」という思想が、どれほど深く国家を揺すぶることのできる人間を形成しえたのかを明示しているように思うのでした。

福島へ、水俣へ、そして沖縄へ。国家を揺すぶることのできる風景に刻まれた人間形成の思想を考えていきたいものです。

あとがき

私がなぜ、風景にこだわるようになったのか、そのことを話したいと思います。風景を見つめるという行為の意義は、日本の風景ばかりが念頭にあるわけではないのです。

日本敗戦の少し前、一九四五年の四月頃か、中国の南京城壁の上で、作家の堀田善衛は同じく作家の武田泰淳と二人で、紫金の色に映えた紫金山を眺めて、「眼路《めじ》はるかにどこまでいってもつきせぬ江南の野をつくづく見渡し」ながら、ある思いにいたったことを述べています。

「……中国戦線は、点と線だというけれど、点と線どころか、こりゃ日本は、とにかく根本的にぜーんぶ間違っているんじゃないかな。この広い、無限永遠な中国とその人民を、とにもかくにも日本から海を越えてやって来て、あの天皇なんてものでもって支配出来るなどと考えるというのは、そもそも哲学的に、第一間違いではないかな。それは、根本からして、哲学的に間違っている。日本の政治家どもは論外として、たとえば西田幾多郎とか安倍能成《よししげ》などという哲学の方の博士どもは、こういうことを哲学の問題として考えてくれたことがいっぺんでもあったかな。天皇と中国大陸とのかかわりあいを、哲学として考えてくれたかな。」（堀田善衛『上海にて』一九五九年、筑摩書房）

私は、この堀田善衛の文章に出会ったときに、ほんとうにハッとさせられました。大東亜共栄圏の構想のうちにアジアの人びとを多く巻き込んで傷つけておきながら、いったん敗戦になると、それらの人びとにたいして頬かぶりして平気でいる私たち日本人をつくりあげた、その天皇制国家における教育とはいったい何物であったのか。私のそれまでの研究の主要な関心は、この点にありました（拙著『総力戦体制と教育科学』大月書店、一九九七年。『植民地支配と教育学』皓星社、二〇一八年、参照）。

私は、堀田のこの中国の風景を見つめて獲得された思想にある種の驚きを覚え、それまで考えてもいなかったものの見方に気づくのでした。目の前に広がる風景をしっかり見つめることは、天皇制国家の本質を見破ってしまうことにもなるのではないだろうか、ということだったのです。天皇制という考え方は広大な大陸に暮らす中国の人々には通用するはずがない、というズバリとした本質の指摘であったのです。風景から得た人間の感覚は、哲学がほんらい極めるべき社会の重大な問題の本質を言い当てていたということでした。私は、美的感性や芸術的認識によって天皇制の問題を解くことは可能だし、それはとても面白い学問なのだと思うようになりました。風景をじっと見つめることで、その社会の問題の本質を探り出すという人間の行為の意義ということです。私は風景を描きだそうとする、あるいは風景を思い起こそうとする人間の行為の重要性を考えはじめたのでした。

私は、風景の思想というものがあるのだと思います。二〇一一年の3・11体験以降、そこで出会った人びとの生活と地域の風景に思いを馳《は》せながら、かつてこの地にあった豊かな風景を想像しながら、いまの教育の現状の問題点を考え何を取りもどすべきなのか、その思想を深めることを大切にしようとしてきました。本書は、そうした自分の考えを記した文章を集めました。

第Ⅰ部に収めた論文は、「3・11」以降、書物や『教育』（かもがわ出版）に書いてきたものであり、それぞれ必要な加筆や修正を行いました。第Ⅱ部は、風景を意識し始めたからでしょうか、子どもの頃の記憶や自分の研究史をふり返ってみたい気持ちに駆られ、一年あまりで書き上げたものです（地域民主教育全国交流研究会の通信『子ども・学校・地域』二〇一六年四月～二〇一七年一〇月の七回連載のもの）。「地域（風景）と教育」に関する研究史は、私がその地域に実際に訪れ、何に触れ何を考えようとしたのか、その点を書いたものです。私は、いま、六五歳になろうとしていますが、自分のおろかな歩みを一度ふり返りたいと思ったのです。「教育学者大田堯さんの地域と教育認識」と「沖縄戦の思想化」については今回新たに書き下ろしたものです。執筆の機会を与えていただいた教科研や交流研のみなさんにお礼を申し上げます。

風景を論じてみようとしたこともあって、大学時代からの友人である阿部俊樹さん（札幌で長年小学校の教師を勤めてきた）に図々しくも挿し絵を描いてもらえないかとお願いしたところ、十数点もの絵を送ってくれました。阿部さんの好意に甘えて、何点かを載せることができました。ほんとうに、ありがとうございました。阿部さんのすてきなスケッチは、私のたどたどしいぼんやりとした風景の記述に明瞭なイメージをあたえてくれているものと思います。

私は、最近、絵を見ることが好きになってきました。妻に連れられて、よく美術館に行っては風景画を楽しんでいます。京都の古寺を訪れては、日本庭園の美しさに溶け込んだふすま絵の魅力を考えるようになってきました。風景を描こうとする人間の意思の自由さ、豊かさを感じようとしているのだと思います。

本書もまた、編集部の角田真己さんにお世話になりました。「です・ます」調で、自分の考えをゆっくり確かめて行きつ戻りつ書いてみようと思ったのも、角田さんのおかげでした。あらためて、お礼を申し上げます。

二〇一九年六月

佐藤　広美

初出一覧

第1章　「復興の教育思想を考える――沿岸被災地と福島原発事故より」（教育科学研究会編著『3・11と教育改革』かもがわ出版、二〇一三年）
第2章　「原発震災の中で、希望の教育学を考える――詩人と科学者の声を聴きながら」（地域民主教育全国交流研究会、坂元忠芳 編『東日本大震災と子ども・教育』桐書房、二〇一二年）
第3章　「『大地への罪』を問いながら――復興の教育学とは何か」（『教育』二〇一二年八月号、かもがわ出版）
第4章　「災禍と向きあう『老い』」（『教育』二〇一五年一月号、かもがわ出版）
第5章　「現実と向きあう人間と教育を考える」（『教育』二〇一五年八月号、かもがわ出版）
第6章　「悲しむことの教育的価値――悲しみに向きあうことで、人は成熟する」（『教育』二〇一七年三月号、かもがわ出版）
第7章　「教育は子どものしあわせにどう力になれるか」（『教育』二〇一八年九月号、かもがわ出版）
第8章　「地域の発見、風景への思い――北海道教育大学時代（一九七三年～）」（地域民主教育全国交流研究会『子ども・学校・地域』九〇号、二〇一六年四月）、「夕張のこと、レーニンのこと」（同前九一号、二〇一六年七月）
第9章　「恵那の生活綴方教育と『懐かしさの教育』――東京都立大学大学院時代（一九八〇年～八八年）」（『子ども・学校・地域』九二号、二〇一六年一〇月）、「坂元忠芳における『地域と教育』――恵

那の生活綴方教育論と東井義雄論の間」（同前九三号、二〇一七年二月）
第10章　「福島原発災害と生業の思想（二〇一一年三月〜）」（『子ども・学校・地域』九四号、二〇一七年五月）、「福島の被災地と学校を訪ねて考えたこと」（同前九五号、二〇一七年七月）
第11章　「水俣病患者の教育思想と不知火海（二〇一二年〜）」（『子ども・学校・地域』九六号、二〇一七年一〇月）
第12章　書きおろし

佐藤広美（さとう・ひろみ）
1954年　北海道夕張に生まれる
1988年　東京都立大学大学院博士課程単位取得
現在　東京家政学院大学教授、博士（教育学）、教育科学研究会副委員長、日本植民地教育史研究会代表

著書　『総力戦体制と教育科学』（大月書店、1997年）
『21世紀の教育をひらく　日本近現代教育史を学ぶ』（編著、緑蔭書房、2003年）
『３・11と教育改革』（共編著、かもがわ出版、2013年）
『戦後日本の教育と教育学』（共編著、かもがわ出版、2014年）
『教育勅語を読んだことのないあなたへ』（共著、新日本出版社、2017年）
『植民地支配と教育学』（皓星社、2018年）
『「誇示」する教科書』（新日本出版社、2019年）ほか

『興亜教育』全８巻（緑蔭書房、2000年）の復刻を監修

災禍《さいか》に向《む》きあう教育《きょういく》——悲《かな》しみのなかで人《ひと》は成熟《せいじゅく》する

2019年７月25日　初　版

著　者　佐藤広美
発行者　田所　稔

郵便番号　151-0051　東京都渋谷区千駄ヶ谷 4-25-6
発行所　株式会社　新日本出版社
電話　03（3423）8402（営業）
03（3423）9323（編集）
info@shinnihon-net.co.jp
www.shinnihon-net.co.jp
振替番号　00130-0-13681
印刷・製本　光陽メディア

落丁・乱丁がありましたらおとりかえいたします。

ISBN978-4-406-06365-4 C0037　Printed in Japan